〈つながり〉の社会教育・生涯学習
―― 持続可能な社会を支える学び ――

編著 手打 明敏／上田 孝典

東洋館出版社

はじめに

　社会教育・生涯学習のテキストである本書が〈つながり〉をキーワードとして編集されたことの現代的意味について考えてみたい。

　〈つながり〉ということが社会的に着目されたのは，2011年3月11日に起きた東日本大震災後の被災地復興においてであった。東日本大震災がもたらした広範囲な被害，とりわけ津波が押し寄せた東北地域の沿岸部は甚大な被害を被った。犠牲者は15,894人，現在も行方が分からない方が2557人いる（河北新報2016年11月23日朝刊）。さらに福島県の浜通り地域では，福島第一原子力発電所を襲った「想定外」の地震と津波により原子炉溶融がおこり，放射線の放出による地域環境の汚染のため原子力発電所立地地域の住民は長期にわたる避難生活を余儀なくされている。避難住民のなかには住み慣れた故郷への帰還をあきらめ，新しい土地で生活の再建をめざすことを選択をした人々もいる。震災直後，日本国中で震災からの復興を支援するスローガンとして被災地である東北との「絆」が強調された。そして全国各地から多くのボランティアが復興支援に参加した。ボランティアの支援・協力を得ながら被災地の復興は継続的に進められている。被災地の人々と被災地に思いを寄せる国内のみならず国外の人々との間で直接・間接に多様な〈つながり〉がむすばれた。こうした人々の〈つながり〉の経験は，その後に発生した「熊本地震」でも発揮された。また，全国各地で防災・減災に対処するため，住民同士の〈つながり〉を意識した地域づくりの取り組みがおこなわれている。

　2014年10月に岡山市で開催された「ESD推進のための公民館―CLC国際会議」では，日本の公民館，社会教育の機能がアジア地域に普及しつつあるCLC（Community Learning Center）との共通性をもつものとして理解され，ESD（Education for Sustainable Development）の観点から現代的役割と可能性が論議されたのである。社会・経済のグローバル化のなかで，市場経済に翻弄され，過度な効率追求による労働の非人間化，地場産業の衰退による人口流出，その結果として地域社会の崩壊，消滅の危機が進行してい

る。ESD を推進するということは，コトバを変えていえば，こうした人間の疎外状況や地域荒廃の状況に対抗し，人と人の豊かな関係性，共同性にもとづく暮らしを取り戻し，地域を再生し持続可能な地域づくりを志向することである。ESD の Education の中核は NFE（Non-Formal Education）であり，生きるに値する社会をめざす人びとの学びを支援することなのである。

　現代の日本社会は，持続可能な発展に向けて人々が〈つながり〉をもち協力しあう方向に向かっているといえるだろうか。残念ながら，そうした方向に向かっているとはいえない状況にあるのではないだろうか。多くの人々が将来に対して見通しをもてない不安に陥り「希望」を持ちにくい社会になっているのではないだろうか。「格差社会」，「ワーキング・プア」，「非正規雇用」などと言い表される状態に陥った「貧困」に苦しむ人々の増大は，「希望」を持ちにくい状況が現代日本社会に広がりつつあることを示している。「反貧困」に取り組んでいる湯浅　誠は，貧困は「溜め」がなくなった「すべり台社会」，つまりセーフティーネットが十分に機能しない社会が生みだしていると指摘している（湯浅誠『反貧困』岩波新書, 2008 年 4 月, p.107）。

　現代日本の生涯学習・社会教育学研究が対応を迫られている問題には，「地域づくり」や「貧困問題」のみならず「子育て・若者支援」，「マイノリティの人々の権利保障」など様々な問題があるが，われわれは学びを通じた〈つながり〉の形成という観点からこうした問題に接近するアプローチをとっている。換言すれば，地域に生きる人々が孤立状態に陥ることなく，人と人の豊かな関係性の中で暮らすことを可能とするためには，人々の意識転換が必要になる。そうした意識転換を図るためには，暮らしの中で地域の問題を共有し問題解決に参加する人の輪を広げる学習が必要であるという視点である。ユネスコ学習権宣言は，「学習活動は，あらゆる教育活動の中心に位置づけられ，人々を，なりゆきまかせの客体から，自らの歴史をつくる主体に変えていくものである。」と述べている。東日本大震災という未曾有の災害を潜り抜けた「3.11 後の社会」は，人々が生活を営む地域に主体的にかかわるなかで暮らしやすい地域社会を構想し，協働的活動を通じてそうした構想が具体化される社会を目指さなければなららない。こうした人々の

活動を支援し人々の〈つながり〉の形成を目指す教育的行為として，われわれは社会教育・生涯学習を捉えている。しかし，この「はじめに」を執筆中の2016年11月には，福島から横浜市に転校してきた原発避難生徒への「いじめ」ともいえる行為が報道されている。加害者の少年たちがそうした行為に及んだのは，大人社会に同様な意識が広がっていることを反映していると考えられる。被災地からの避難者と受け入れ先自治体住民の間に賠償金等をめぐって起きている反目と分断を克服するためには，私たちを分断と孤立，差別と偏見に追いやり憎悪に駆り立てるのは何かを探る学習を通じて人々の間に〈つながり〉を生み出す必要がある。

本書は，こうしたコンセプトにもとづき社会教育・生涯学習の可能性と課題を考究したテキストである。本書が社会教育・生涯学習に関心をもつ学生・大学院生や社会教育・生涯学習の実務にたずさわっておられる職員，市民の方々の学びに役立つことになれば幸いです。

最後に本書の成り立ちについて記しておきたい。本書の執筆者には，私が筑波大学在職期間に共同研究等を通じて研究活動を共にしてきた研究者の方々にお願いした。また，筑波大学大学院で研究指導をおこなった大学院生にも参加していただいた。かれらのなかには，すでに大学にポストを得て教育・研究活動に従事し，社会教育学会，公民館学会等で活躍している。多忙のなか，本書の企画に参加していただいた執筆者各位に感謝いたします。さらに編集の労をとられた上田孝典氏，丹間康仁氏には深く謝意を表します。また，出版事情の厳しいなかで本書の刊行を引き受けていただいた㈱東洋館出版社川田龍哉氏に御礼申し上げます。

2017年3月

手打　明敏

目　次

はじめに ……………………………………………………手打 明敏　i

序章
〈つながり〉の社会教育・生涯学習 ……………………上田 孝典　2

▶第1部　地域に〈つながり〉を生み出す

第1章
生涯学習政策における連携・協働・ネットワーク ………金藤 ふゆ子　14

第2章
住民の学びと地域づくり ………………………………浅野 秀重　28

第3章
住民主体の地域運営と公民館 …………………………生島 美和　39

第4章
地域共同体における社会関係資本の形成 ……………蜂屋 大八　53

第5章
学校と地域の協働関係づくりの方策
　―教育政策を具現化する学び合いの実践― ………丹間 康仁　65

第6章
若者にとってのたまり場・居場所 ……………………安藤 耕己　80

▶第2部　〈つながり〉がくらしを変える

第7章
多文化共生の地域づくりへの取り組み
　―外国人集住地域に着目して― ……………………曹 蓓蓓　92

第8章
地域の自治を志向する住民の学び
——東日本大震災 被災地の取り組み——……………………手打 明敏　106

第9章
地域福祉を支える担い手とその学び
——3.11 震災・被災体験者の語り——……………………結城 俊哉　122

第10章
障害者の地域における自立を支える親の役割……………橋田 慈子　139

第11章
労働と生活の分断を乗り越えるための学習
——ワークライフバランスから考える——………………池谷 美衣子　151

第12章
リテラシーの学びと実践………………………………………河内 真美　163

第13章
人口転換に対応した新たなコミュニティ施設創造の試み
——ドイツにおける「多世代館」振興政策の展開——……谷 和明　174

第14章
コミュニティ学習の場の創造
——イギリスの事例から——……………………………………関 直規　187

第15章
現代中国都市コミュニティにおける社会団体活動の展開……呉 迪　197

第16章
現代中国社会における少数民族文化の継承の課題………紅 桂蘭　209

おわりに……………………………………………………………上田 孝典　220

索引……………………………………………………………………………222

〈つながり〉の社会教育・生涯学習
―持続可能な社会を支える学び―

〈つながり〉の社会教育・生涯学習

上田　孝典

1 ▶ 混迷の現代社会

　現代はどのような時代であろうか。2016年6月23日，イギリスは国民投票の結果，EUからの離脱を決定した。EUはいわば国家を超えた地域統合の壮大な試みであり，世界のグローバリゼーションを牽引する象徴でもあった。離脱の大きな理由の一つとして移民の増加が指摘されており，ヒト・モノ・カネのボーダレス化がもたらした負の側面を端的に明示した出来事であったといえる。

　グローバリゼーションの時代においては，文化や歴史や風土などに基づく固有性が意味を失い，ヒト・モノ・カネが標準化され，交換可能な一元的価値に還元されていく。そして世界の市場はその価値の独占を狙って終わりのない競争に駆り立てられている。しかし，標準化への圧力に晒される社会とは対照的に，公正・平等といった規範的価値は意味を失い，価値のあり様を決定する主導権争いが対立や葛藤を引き起こし，テロリズムなどの実力行使を誘発している。富の集中と偏在によって中心と周縁という階層化が進行している。貧困をめぐる格差拡大の反作用として，憎悪や暴力を伴う排外主義的なナショナリズム，ローカリズム，リージョナリズムなどが負の連鎖となって私たちの暮らしを息苦しくさせている。イギリスだけでなく，アメリカ大統領選挙において過激な移民排斥を掲げていた人物が大統領に就任し，日本でも在日外国人を攻撃対象とするヘイトスピーチが社会問題化するなど，世界各国で影響力を強める保守化傾向は，新自由主義経済を背景とするグローバリゼーションが招来する構造的問題を問うことなく，特定の外国籍住民をスケープゴートに単純な図式に矮小化し，自国中心主義の偏狭なナ

ショナリズムへと回収される人々の心象を表しているように見える。

　他方で，現代は情報化社会である。インターネットの普及によって人々は，特定のマスメディアから与えられる限定された情報だけでなく，無数の情報網から膨大な情報を自ら得ることが可能となり，同時に自らが情報源となって情報を伝えることもできるようになった。しかし同時に，真偽不明の情報の洪水に自らの必要に応じて情報を取捨選択できる高いリテラシーが要求されるようになり，また匿名の声が世論を左右したり悪意に満ちた声が炎上を引き起こしたりする。人々はSNSによっていつでも手軽に情報のやり取りが可能となったが，対面によるリアルなつながりではないために，一方通行の情報発信でありながら常に他者からの応答（「いいね！」や「既読」のサイン）によって自己承認欲求を満たさずにはいられず，つながっている証を願望せざるを得ない。

　現代はまた，リスクの時代でもある。現代社会を産業社会による富の分配から科学技術が造り出した危険の分配が課題となる「危険社会」だと提起したU.ベックの指摘[1]は，東日本大震災による原子力発電所の事故を経験した私たちには切実な問いかけとして響いてくる。阪神淡路大震災，東日本大震災，そしてまた熊本地震など，突然襲いかかる大地震が私たちの暮らしに甚大な被害をもたらす。また近年の異常気象は通常になりつつあり，堤防の決壊や土砂崩れ，大雨洪水による浸水被害など，毎年のように自然災害に見舞われている。戦後70年を経て，経済成長とともに整備されてきた各種インフラが老朽化し，被害の甚大化は人災としての側面も有している。また福島原子力発電所の事故ないし事件は，土地を捨て強制避難させられた人々から，金銭では償うことのできない有形・無形の財産を奪い去ってしまった。それだけでなく，不可視である放射能との闘いは，私たちすべてに大きな不安とともに終わりの見えない試練を与えている。

　現代は混迷の時代である。いわば混迷とは，未来に対する不安から生じるものであり，その意味では，いつの時代も混迷の時代であったといえるのかもしれない。しかし，私たちは不確かな未来について，見通しをたてることによって不安を解消しようとする。過去の歴史から教訓を得たり，諸外国の事例を参照したり，現在の諸事象を批判的に検討することを通じて，よりよ

い未来像を描き，そのために為すべき方途を探ろうとしてきた。しかし，今日眼前に広がる社会は，目まぐるしく展開する出来事の前に大きな流れを捉えることができず，その只中で時間をかけて学び考え議論しながら熟慮する余裕を失っている。それでいて，流れに逆らったり立ち止まったりすることは，社会からの孤立あるいは脱落であるかのような漠然とした不安が付きまとっている。だからこそ人々は，思考することを放棄し，目の前の現実を盲目的に受け入れ，過剰適応することによってレールから滑り落ちないように必死にしがみついているように見える。それは，端的に特定秘密保護法や安全保障関連法と呼ばれている，国民の生活に直結する課題について政治的「主義」の問題あるいは特定の「政党」に関わる問題として矮小化され，公共の場で議論することさえ制限され，あるいはまた，自己規制的に抑制するような萎縮した風潮に表れている[2]。

　現代の混迷をどう克服していくのか。一つひとつの課題に対して解決策を考察し提示することも重要であるが，混迷という状況に対して私たちはどう向き合うのか。本書では「つながり」をキーワードとしながら，社会教育・生涯学習研究の観点から混迷の時代への向き合い方を考えてみたい。

2 ▶ 現代社会における社会教育の役割

　宮原誠一は「教育」について，次のように規定している[3]。

> 　教育は，他の基本的な諸機能のそれぞれの末端—最も実践的な末端で営まれるところの再分肢機能なのだ。政治の必要を，経済の必要を，あるいは文化の必要を，人間化し，主体化するための目的意識的な手続き，これが教育というものにほかならない。教育とは政治の教育化，経済の教育化，文化の教育化のことであって，それ以外のなにものでもない。

　教育とは，現代社会を取り巻く諸課題を自らの課題として引き受けるために「人間化し，主体化するための目的意識的な手続き」だと指摘する。自ら

が生きる社会を把握し，その諸機能（政治・経済・文化など）を自らのものとするために，より積極的には自分自身が社会の客体ではなく主体として，社会そのものを創造していくための「最も実践的な末端」において，「教育」という営為を通して「人間化し，主体化する」ことが教育だという。

このように教育の役割を「再分肢」として捉えるならば，その基底には「ひと」が社会の中で生きていくことを支える教育のあり方が考察されなければならない。その教育とは，従来型の知識の獲得が第一義的に評価されるあり方，いわば学歴社会に象徴される学校知の多寡が社会的地位と強く相関するあり方ではなく，社会の中に自分を措定し，また自分自身が社会を創造していく当事者としての主体を形成していくようなあり方である。そのためには，一人ひとりにとって「必要とされる学び」から「必要とする学び」への転換が必要であり，その学習権を保障するような教育のあり方が志向されなければならない。UNESCOの学習権宣言には，「学習活動はあらゆる教育活動の中心に位置づけられ，人々を，なりゆきまかせの客体から，自らの歴史をつくる主体にかえていくもの」だと謳われている[4]。

戦後日本の教育は，第一義的に学校という組織的な教育機関が引き受けてきた役割であるが，戦後日本において「家庭教育及び勤労の場所その他社会において行われる教育」（旧教育基本法第七条）として規定された「社会教育」も，その重要な一翼を担ってきたといえる。戦後社会教育の制度化に重要な役割を果たした寺中作雄は，まさに終戦直後に「この有様を荒涼と言うのであろうか。この心持を寂寞と言うのであろうか。目に映る情景は赤黒く焼けただれた一面の焦土，胸を吹き過ぎる思いは風の如くはかない一聯の回想。…これでよいのであろうか。日本は果たしてどうなるのだろうか」[5]と混迷極まる時代の心境を記している。そして「焦土」と化した混迷の日本を再建するためには「文化が生活に浸透し，教育が社会と連繋し，政治が国民と直結し，産業が郷土に根を張る様な活々として美しい民主国家，平和国家が建設されること」[6]が必要であり，その実現を「国民各自が自ら教育を求め文化の向上を求めて自由に且積極的に努力するところの教育活動」[7]である社会教育に希望を託したのである。「文化が生活に浸透し，教育が社会と連繋し，政治が国民と直結し，産業が郷土に根を張る」こととは，つまり宮

原が言うところの「再分肢」としての社会教育の機能によって実現されるものであり、日本国憲法が謳う「民主国家、平和国家」の建設にとって重要な役割を果たすべきことが示されているといえよう。寺中が基礎を築いた制度としての社会教育には、国民自らが積極的に求める教育を保障することが社会教育制度の根幹に位置づいていたことがわかる。

3 ▶「つながり」の意味

　戦後社会教育の歩みは、公民館を拠点として集団による学びの組織化を主要な方法として実践されてきたといえる。それは社会教育が、個人の自発性に依拠する学びを「学びあう」関係性へと展開することにより、「自由な批判と討論によって自ら反省と理解に到達する」[8]ような自己教育・相互教育として捉えられてきたからである。そして、生活を支える地域を基盤にした共同学習論に代表されるように、「学びあう」関係性は自分自身や自らの暮らしを地域社会、さらには広く社会の全体構造の中に定置しなおす捉え返し（省察）を可能にする。そうして人々は、個人の抱える問題を他者と共有することで社会的課題へと思考を深め、その解決に向けて共同で学習を基礎とした実践を蓄積してきた。本書でいう「つながり」とは、こうした「学びあう」関係性のあり方を意味している。

　しかし、寺中が構想した社会教育あるいは社会教育法によって制度化された社会教育施策は、全国各地に公民館が設置され様々な社会教育実践を生み出しながらも、人々の生活に立脚した地域の創造と住民自治を支える人を育てる教育として、今日に至るまで理論的にも実践的にも、そして政策的にも確固とした地位を得ることができていないといえる。例えば1970年代に入ると「都市化にともない、地域共同体が形骸化、空洞化しており、開放的かつ自主的なコミュニティの構築が必要」[9]という認識の下でコミュニティ政策が進められ、地方自治の末端拠点としてコミュニティセンターが建設されていく。そこでは、まさに公民館に期待された「町村民の親睦交流を深め、相互の協力和合を培い、以て町村自治向上の基礎となるべき社交機関」[10]としての役割が、コミュニティセンターに取って代わられる事態が進行してい

く。また1980年代には「各人が自発的意思に基づいて行うことを基本とするものであり，必要に応じ，自己に適した手段・方法は，これを自ら選んで，生涯を通じておこなう」[11)]という各人の学習ニーズを充足するための「生涯学習」が提起され，1987年臨時教育審議会第三次答申にみられるように「生涯学習社会への移行」が打ち出される。そして1990年には「生涯学習の振興のための施策の推進体制等の整備に関する法律」が制定された。これらに通底する「生涯学習」理解は，個人の自発的な学習ニーズに応じて提供される教育サービスを消費する学習観であり，そこには上述した「学びあう」関係性は完全に捨象されている。

　2011年に東北地方を襲った東日本大震災において，「絆」が人々を勇気づけ，励ますスローガンとして喧伝されたことは記憶に新しい。この「絆」という言葉には，共に手を携え困難に立ち向かい，課題解決への力にしていこうという想いが含意されている。一人ひとりの抱える困難は個別的な問題であるかもしれない。しかし，それらを「学びあう」ことで，問題が共有され，実は共通の社会的課題であることに気付く。愛する家族を失った，家財の一切を失った，仕事を失った，様々な喪失体験はそれぞれの人生におけるかけがえのない固有の喪失ではあるが，相互に悲嘆の悲しみを語り合う中でそれぞれの悲しみを共有し，喪失体験を乗り越え，次の人生へと踏み出す力を与え合う。そんな人々の声を語り継ぐ取り組みも行われている[12)]。膨大な死傷者を出し，甚大な被害をもたらした中でも，被害を最小に食い止め，また被災者がそれでもなお前を向いて，郷土の復興と再生を切望し，力強く動き始める原動力に，震災前からの自治公民館などでの学習の蓄積による，地域のつながりの存在が指摘されている。そして様々な葛藤を含みながらも，地域住民が共同で困難へ立ち向かっていく震災復興のプロセスにおいても，社会教育を介したつながり，つまり「学びあう」関係性の構築が注目されている[13)]。

4 ▶「つながり」の社会教育

　冒頭で述べたような混迷の現代社会において，「つながり」の再生は簡単

なことではない。日本では，少子高齢化に伴う人口減少社会に突入しており，地方間格差の拡大は中山間地からの人口流出に拍車をかけている。行政効率と財政削減を理由とした平成の大合併により再編された広域自治体は，中心への集約と周縁の拡大をもたらし，人々の生活実態は著しく疲弊する事態を招来している。また，故郷を離れた人々が向かう東京を中心とする一部の大都市は，さらに事態は深刻である。グローバリゼーションの流れの中で，厳しい国際競争に晒される企業は，人件費の抑制から非正規雇用を増やし，リストラや早期退職は誰にとっても他人事ではなくなっている。しかし，生産手段を持たない都市住民にとって命を支える衣食住は金銭によって市場から調達する以外になく，貧困の拡大が深刻な社会問題となっている。国や地方自治体は，経済のマイナス成長と生産年齢人口の減少，高齢社会の到来によって巨額の財政赤字に直面し，従来の分配を維持することができなくなっている。また，地域とのつながりが希薄な都市部では，暮らしを支えあう共同体の機能が弱い。

最後に再び，私たちは「つながり」の社会教育という観点から，この混迷の時代にどう向き合えばいいのか考えてみたい。ここでは，UNESCO の生涯学習研究所（UIL：UNESCO Institute for Lifelong Learning）が 2015 年からスタートさせた学習都市グローバルネットワーク（GNLC：Global Network of Learning City）構築への動きからヒントを得たい。

この取り組みは，日本の提案により 2005 年から 2014 年まで「国連持続可能な開発のための教育（ESD：Education for Sustainable Development）のための 10 年」が設定されたことに始まる。持続可能な発展とは「将来世代の欲求を満たす能力を損なうことなく，現在世代の欲求も満足させるような発展」であり，より積極的には「現在，将来の人間の欲求と願望を満たす能力を高めるための変革である」としている[14]。つまり世界の誰もが，未来に生きる次世代を含めて，幸福を追求する権利を奪われないことが「持続可能性（Sustainability）」ということであり，その実現のための「開発」が志向されなければならないと理解できよう。近代以降の産業社会において，私たちは化石燃料や水や食料といった自然環境や天然資源などを，無限に存在するかのように消費してきた。ESD は，教育を通じてこうした思想と暮らし

の変革を目指す取り組みである。私たちを取り巻く諸課題の多くは，グローバリゼーションの進展に伴い地球的規模で解決が求められるようになり，国境を越えた協力・協調が要請されるようになっている。同時に地域レベルの課題についても，複雑化・多様化する中でその地域の文化や環境，社会，経済との関連において総合的な取り組みが必要となっている。2015年ニューヨークで開催された国連サミットでは「持続可能な開発のための2030アジェンダ」が採択され，2030年までの間に世界の貧困や飢餓，エネルギー，気候変動，平和的社会など持続可能な開発のための17の目標と167のターゲットに向けた行動計画（SDGs）が示された[15]。

学習都市グローバルネットワークは，SDGsの達成された社会を実現するために，世界中の都市が実践を交流しあうネットワークを構築するためのプラットフォームである。とくに目標4「すべての人々に対して包括的で公平な質の高い教育を確保し，生涯学習の機会を促進する」と目標11「包括的，安全，レジリエント，そして持続可能な都市および居住区を実現する」がESDに根差した学習都市に求められている[16]。

図1は2013年に中国北京で開催された「学習都市に関する国際会議」で採用された学習都市の特徴を図示した枠組みである。3つの土台の上に，6本の柱が立てられ，3枚の屋根を支えている。とくに注目したいのは，学習都市が掲げる利点（屋根）として「持続可能な開発」「経済発展と文化の繁栄」に加えて「個人のエンパワメントと社会的結束（Social Cohesion）」が期待されていることである。この点に関して特徴項目リストには，4つの指標が挙げられているが，そのうち「市民参加」として選挙への参加率，ボランティアへの参加率が挙げられている[17]。Cohesionとは，結合，結束，団結，凝集などの意味をもつ言葉で，本書でいう「つながり」である。そしてこの言葉は，一人ひとりが社会の構成員として結びつきながら積極的に参加していくことを含意して使われていることがわかる。

現代を混迷の時代と捉えることは，未知なる未来への転換点にあることを意味している。思考することを放棄し，流れに逆らわず盲目的に適応していこうとするのではなく，今こそ一人ひとりが学びあい，未来への持続可能性を前提にしながら，いかなる社会を構想していくのかを議論し，目の前にあ

■学習都市の主な機能

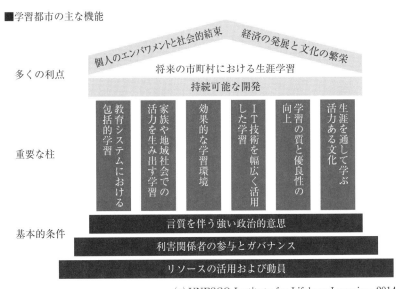

図1　学習都市の主要な特徴の枠組み
(The Framework of the key Features of Learning Cities)[18]

る課題解決へ試行錯誤しながら行動していくことが求められている。そして，そのプロセスに社会教育が果たす「再分肢」としての役割があるのではないだろうか。

　以下，第Ⅰ部では社会教育・生涯学習による政策や実践を踏まえながら，地域に根差した学びあいから生成される「つながり」の実像に迫る。第Ⅱ部では，様々な領域や諸外国の事例を踏まえながら，いわば「再分肢」としての社会教育の機能的側面に着目し，社会の中に創り出される「つながり」の諸相を捉える。各章を通じて，人々が互いに学びあうことで「つながり」が生成され，その「つながり」が学びの広がりと継続性を支え，学びの広がりが新しい「つながり」の生成へと展開するような相互作用を見出すことができるだろう。

　ESD の実現を目指す学習都市の理念が示すように，混迷の時代を切り拓く鍵は社会を構成する集団的な「つながり」の力にあり，「学習」に裏づけられた行動する力なのではないだろうか。

注・参考文献

1) ウルリヒ・ベック／東廉, 伊藤美登里訳『危険社会―新しい近代への道』法政大学出版局, 1998年。
2) 例えば, さいたま市三橋公民館の公民館報（2014年7月号）に「梅雨空に 『九条守れ』 の 女性デモ」と謳った俳句が公民館長によって掲載を拒否された問題に象徴されている。現在, 俳句の掲載を求めて埼玉地方裁判所において係争中である。
3) 宮原誠一「教育の本質」(1949)『宮原誠一教育論集第一巻』国土社, 1976年。
4) 1985年第4回ユネスコ国際成人教育会議で採択される。(社会教育推進全国協議会編『社会教育・生涯学習ハンドブック第8版』エイデル研究所, 2011年より抜粋)
5) 寺中作雄『公民館の建設』公民館協会, 1946年（寺中作雄『社会教育法解説・公民館の建設』国土社, 1995年）
6) 同上。
7) 寺中作雄『社会教育法解説』社会教育図書株式会社, 1946年（同上）
8) 同上。
9) 国民生活審議会調査部会報告書「コミュニティ―生活の場における人間性の回復―」1969年。
10) 文部次官通牒「公民館の設置運営について」1946年。
11) 中央教育審議会答申「生涯教育について」1981年。
12) やまもと民話の会『―語りつぐ・証言―小さな町を呑みこんだ巨大津波』2011年, 同『第二集・声なき声に寄りそう』2011年, 同『第三集 鎮魂・復興へ』2012年。（やまもと民話の会『―語りつぐ―小さな町を呑みこんだ巨大津波』小学館, 2013年, として合本が刊行されている。）また筆者は, 科学研究費による共同研究「震災後社会におけるリジリエント・コミュニティ構想に向けた基礎的研究」（挑戦的萌芽研究 課題番号25550100 平成25〜28年度, 研究代表：結城俊哉）において,「やまもと民話の会」が活動している宮城県亘理郡山元町において, 被災住民からの聞き取り調査を行っており,「学びあう」関係性が震災復興に向けた人々のリジリエンスにつながっていることがわかる。
13) 例えば, 十葉悦子, 松野光伸『飯舘村は負けない―土と人の未来のために―』岩波新書, 2012年, 石井山竜平編著『東日本大震災と社会教育―3・11後の世界にむきあう学習を拓く―』国土社, 2012年, 上田幸夫研究代表「ソーシャルキャピタルとしての社会教育施設の基盤整備に関する研究―東日本大震災におけるまちづくり機能を手がかりに―」平成25年度日本体育大学学術研究補助費研究成果報告書, 2014年, など。
14) 環境と開発に関する世界委員会『地球の未来を守るために』福武書店, 1987年。国連に設置された「環境と開発に関する世界委員会」（ブルンラント委員長）が提出し

た報告書 "Our Common Future" の中で，初めて「持続可能な発展」という考え方が提起された。
15) 国連経済社会局 HP　https://sustainabledevelopment.un.org/sdgs（2016 年 4 月 10 日最終閲覧）
16) ユネスコ生涯学習研究所 HP　http://uil.unesco.org/lifelong-learning/project（2016 年 4 月 10 日最終閲覧）
17) 同上。また，2015 年 9 月に登録制度が始まったユネスコ学習都市グローバル・ネットワーク（GLNC）に，2016 年 2 月，岡山市が日本で最初に登録されている。GLNC は，ユネスコ生涯学習研究所が提唱している「全ての市民が生涯を通じて積極的に学び，その能力や知識を社会に活かしていく生涯学習の重要性を認識し，都市が『持続的な学習都市』へと変革していくことを目指す」取り組みであり，公民館を拠点にした学習実践が高く評価されている。
18) 文部科学省 HP より引用（2016 年 4 月 10 日最終閲覧）
http://www.mext.go.jp/a_menu/ikusei/gnlc/__icsFiles/afieldfile/2016/05/19/1368284_2.pdf

第1部

地域に〈つながり〉を生み出す

生涯学習政策における連携・協働・ネットワーク

金藤　ふゆ子

1 ▶ はじめに

　生涯学習政策とは，そもそも何を意味するのだろうか。語義的にみれば政策とは政治の方策や，政府・政党などの方策ないし施政の方針を意味することから[1]，生涯学習政策といえば国や地方公共団体が行う生涯学習に関する方策，政府・政党などの生涯学習に関する方策ないし方針と捉えられる。ところが国の生涯学習政策といっても，実際はさまざまな部局によって着手されており，その内容・形式も多様である。

　一般に生涯学習政策といえば国の場合は文部科学省が担い，都道府県や市町村の場合は教育委員会が担うと考えられる。しかし，生涯学習政策に取り組む部局は実はそれらの教育関係部局のみではない。例えば「まちづくり」というテーマについてみると，それは国の部局で見れば総務省や国土交通省，さらには 2014 年に発足した「まち・ひと・しごと創生本部」といった部局も取り組むテーマである。そのように生涯学習政策は，文部科学省や教育委員会のみが取り組むものとは言えないことを念頭におくことが重要である。とは言え，子どもから高齢者までのさまざまな年齢層の市民の学びを支援するという観点からの生涯学習政策は，やはり国では最も文部科学省が担い，地方公共団体では教育委員会が担うと考えて良いだろう。

　ここでは以下の作業から本節のテーマに迫りたい。まず生涯学習政策の中で数多く取り上げられてきた，「連携」や「協働」，「ネットワーク」といった概念の違いを検討する。次いで，1970 年代以降の国の教育に関する答申を手がかりに，「連携」「協働」「ネットワーク」を重視する生涯学習政策をいくつかに分類してその経緯を辿る。さらに「連携」や「協働」を志向する

第 I 部　地域に〈つながり〉を生み出す　15

生涯学習政策の実態を把握するために，国立教育政策研究所のプロジェクト研究「多様なパートナーシップによるイノベーティブな生涯学習環境の基盤形成に関する研究」（2014 年～ 2015 年度）の一環として，2015 年 7 月～ 10 月に実施した全国都道府県，及び区市町村教育委員会を対象とする調査を基に[2]，都道府県，及び市区町村教育委員会が実際に企業や NPO 等といかなる領域で連携・協働を行っているのか，その現況を紹介し検討する。

2 「連携」や「協働」，「ネットワーク」の概念の違いと生涯学習政策

　生涯学習政策の検討を行うにあたり，まずはじめに，これまでの生涯学習や社会教育の領域で述べられてきた「連携」や「協働」，「ネットワーク」といった概念の違いは何かを考えることにしよう。いずれも非常に耳ざわりは良く，1970 年代以降の国の答申をはじめとする生涯学習政策の中で重ねて強調されてきた用語である。しかし，その概念の違いを詳細に検討する研究は，これまで十分に行われてきたとは言えないと考えられるためである。

　「『連携』とは，単に記述的な概念としてではなく，価値的な概念として多用されてきた」[3] と言える状況があり，「それ自体望ましいものとされ，社会教育に関するさまざまな課題の解決方策として期待を込めて用いられる」[4] と伊藤が指摘するように，これまでの生涯学習政策においても「連携」は常に望ましいものでありかつ，諸問題の解決の鍵と考えられてきた。

　語義的な定義を調べると「連係」や「連繋」は，物事と物事，あるいは人と人とのつながりそのものを意味する言葉であるのに対し，「連携」は同じ目的を持つ 2 者以上のものが互いに連絡を取り合い，協力し合って物事を行うことを意味している[5]。生涯学習政策において 2000 年以降は特に「連係」や「連繋」ではなく，「連携」の用語が多用されるようになるのは，単に個人や組織・機関のつながりを意味するのではなく，個人や組織・機関同士が同じ目的を持って連絡を取り合い，協力し合って何らかの行動や事業を行うことを求めてきたためといえよう。

　「ネットワーク」とは，もともと網状組織を意味する用語であった。情報

科学の中で多く用いられてきた歴史があるが，その後社会科学の中でも活用されるようになる。ネットワークという用語を用いて人間関係の構築に言及した日本の社会科学の研究者には，早くは社会人類学の草分けである中根千枝がいた。中根は『タテ社会の人間関係』の中で「分業の志向が強いと，それぞれ一定の役割をもつ集団がお互いに緊密な相互依存の関係に立ち，社会全体が集団間を結ぶ複雑なネットワークの累積によって，一つの大きな有機体として社会学的に統合される」(中根1967) とした。中根は日本社会がもともとこうした社会的分業の精神に反する社会経済構成を有し，かつタテ関係によってのみ大集団・大組織を形成するという特徴を持つこと，そうした社会集団の構造故に，世界に比類のない中央集権的行政組織網を発達させたとしている[6]。

社会教育の「連携」について検討した前掲の伊藤は，「連携」と「ネットワーク」との違いを以下のように述べている。「『ネットワーク』は主体間に中心と周辺，依存と非依存といった力関係があることを前提とし，主体感の『弱い紐帯』の力をむしろ積極的に意味づけるもの」であり，「直接的に関係する主体を通して間接的に関係しうる主体をも含めた『構造』に着目する。」[7] 他方「連携」は，「主体間の対等で直接的な関係であり，主体間の『強い紐帯』を志向し，主体間で直接的で意識的な関係に着目する」用語である[8]。「連携」と「ネットワーク」の違いは，この指摘に見られるように紐帯の強弱と，連関の範囲の違いとも関連する。

生涯学習政策において「ネットワーク」という用語が用いられるようになるのは，1980年〜90年代にかけて提示されてきた国の審議会答申が関連している。これは生涯学習政策において，これまでの2者間の「強い紐帯」の強化ばかりではなく，間接的関係を含めた「弱い紐帯」の機能にも目を向けて，弱い紐帯の発展を含む持続可能な生涯学習システムの構築を目指そうとしたためと理解できる。有機的システムとは，弱い紐帯を含む複雑なネットワークの累積によって構成される。本来人間を構成要素に含むシステムは，全てオープン・システムである[9]。人間を構成要素に含む生涯学習政策は，従ってオープン・システムであり，同時に一つの有機的システムと捉えることが可能である[10]。

他方「協働」という用語は，生涯学習政策において「市民との協働」「企業やNPOとの協働」といった文脈で用いられることが多い。もともとは政治的に意味付与されてきた用語という性格が強く，1990年代移行，地方分権，規制緩和へと急速に進んだ行財政改革を受けての地方自治の在り方を議論する文脈で多用されてきた[11]。

　「連携」「協働」「ネットワーク」の用語は，2000年以降も引き続き国の生涯学習に関する答申で数多く用いてられている。これらの用語はそれぞれに異なる背景を持ちながら活用されてきたものであるが，現在も生涯学習政策をすすめる上で極めて重要な概念として位置づけられている。

3 ▶ 生涯学習政策に関する答申の分類

　国の生涯学習に関する答申を基に，連携，協働，ネットワークを重視する日本の生涯学習政策を大別すれば，4種に分けることができるだろう。第一は，1960年代のユネスコの生涯教育に関する提言を受けて，1970年代に日本の社会教育・生涯学習政策の中で重視されてきた政策である。これは社会教育，学校教育，家庭教育の三者の連携の必要性を示し，いわば生涯学習政策の端緒を開いたと言える社会教育審議会答申に基づくものであり，1960～70年代の政策である。第二は，1980年代から1990年代にかけて，地域の学習機会提供の充実や，関係施設・機関の情報提供，学習相談など各種学習条件の整備を図り，生涯学習の基盤整備を図ろうとする生涯学習政策である。第三は，1990年代半ばから今日に繋がる「行政と市民との協働」の文脈で提示されてきた生涯学習政策である。第四は，特に2006年の教育基本法の改正以降，「学校，家庭，地域の連携による教育の推進」といった文脈で特徴づけられる生涯学習政策である。以下では各型の生涯学習政策を導く役割を果たしたと考えられる主な答申を示し，連携，協働，ネットワークを重視する生涯学習政策の経緯を辿る。

(1)　**生涯学習政策の端緒とユネスコの生涯教育論（1960年～70年代）**
　国の答申において生涯学習の基盤づくりの必要性を説いた最も早い答申

は，社会教育審議会答申「急激な社会構造の変化に対処する社会教育のあり方について」（1971年）である。そこではまだ「生涯学習」ではなく「生涯教育」の用語が用いられている。同答申は「生涯教育という考え方はこのように生涯にわたる学習の継続を要求するだけでなく，家庭教育，学校教育，社会教育の三者を有機的に統合することを要求している。」[12]とした。さらに「三者の関係では，非能率や重複が生じることもあれば，いずれもが取り上げていないことがらもある。今日，あらゆる教育は生涯教育の観点から再検討を迫られているといってよい。」[13]とし，家庭教育，学校教育，社会教育の有機的統合が生涯教育の観点から再考される必要性を述べた。同答申は，生涯教育の理念に立脚した新たな社会教育行政への転換を促したと考えられ，今日に繋がる日本の生涯学習政策の端緒を開いたものと言えよう。

なお，ここで統合という用語が用いられたのは，1965年にパリで開催したユネスコ国際成人推進委員会において，当時ユネスコの成人教育課長であったポール・ラングラン（(Paul Lengrand, 1910-2003）が生涯にわたる学習機会の整備・統合の必要性を提唱したことと関連する。会議の場で示されたフランス語の「永続教育」（l'education permanente）の用語は，英語表記では「生涯にわたり統合された教育」や「生涯教育」（life-long integrated education や life-long education）と表記され，日本では「生涯教育」と訳されることとなった。ラングランは，生涯教育の推進には垂直的統合と水平的統合が重要であるとした。前者は生涯にわたり提供される学習機会の時系列的な統合を意味し，後者は同一の時間軸であっても学校，家庭，地域社会といった異なる空間・場で行われる学習機会の統合を意味している。

(2) **生涯学習の基盤整備という文脈の生涯学習政策（1980年〜1990年代）**

1980年代に入り，生涯学習政策は新たな段階を迎える。即ち，中央教育審議会答申「生涯教育について」（1981年）が出されて，生涯教育や生涯学習政策は，国の教育政策の中核を占めることが明示された。「生涯教育とは，国民の一人一人が充実した人生を送ることを目指して生涯にわたって行う学習を助けるために，教育制度全体がその上に打ち立てられるべき基本的な理念」[14]と位置づけられた。さらに生涯学習は，「各人が自発的意思に基

づいて行うことを基本とするものであり，必要に応じ，自己に適した手段・方法はこれを自ら選んで，生涯を通じて行うもの」[15]とした。国や地方公共団体は，自主性・自発性を基本とする生涯学習を推進するため，さまざまな学習条件の整備に取り組むことが役割と考えられた。

総理大臣の諮問によって設置された臨時教育審議会（1985年～1987年）は，第1次～4次にわたる答申を出し，生涯を通じて学ぶ機会の保障される「生涯学習社会」の構築を提言した。「学校教育の基盤の上に，各人の能力と自発的な意思により必要に応じ，自らの責任において手段・方法を選択し，生涯を通じて行われるべきものである。こうした学習を通して創造性や個性が生かせるようにするとともに，いつでもどこでも学べ，その成果が適正に評価され，社会で生かせるようなシステム」[16]の構築，即ち生涯学習体系への移行を求めた。この答申を受けて生涯学習政策は文字通り急激な進展を遂げた。生涯学習を担当する部局も文部科学省社会教育課から，生涯学習局へと改称し（1988年），筆頭局として位置づけられたのもこの頃である。

さらに中央教育審議会は答申「生涯学習の基盤整備について」（1990年）を出し，各地に生涯学習を推進する要となる生涯学習推進センターの設置を提言した。各都道府県は答申を受けて県立生涯学習センターの創設に動き，1990年代末までに県立の生涯学習センターの70％以上が設置された[17]。

その後，同審議会答申「新しい時代に対応する教育の諸制度の改革」（1991）年）は，「これからは，学校教育が抱えている問題点を解決するためにも，社会のさまざまな教育・学習システムが相互に連携を強化して，生涯のいつでも自由に学習機会を選択して学ぶことができ，その成果を評価するような生涯学習社会を築いていくことが望まれる」[18]とし，社会のさまざまな教育・学習システムの相互の連携によって，生涯学習社会の構築を展望した。生涯学習審議会答申（1998）「社会の変化に対応した今後の社会教育行政の在り方について」においても，「社会教育行政は生涯学習振興行政の中核として，学校教育や首長部局と連携して推進する必要がある」[19]と述べており，生涯学習政策を推進する上で社会教育行政が中核となりながら，他の教育関連部局との連携の重要性を指摘している。

(3) 市民との「協働」という文脈の生涯学習政策（1990年代後半以降）

　行政と市民との協働という文脈での生涯学習政策は，1990年代後半に出された中央教育審議会答申「今後の地方教育行政の在り方について」（1998年）において明示されている。同答申は「地域社会の教育の充実について関係者の参加意識を高め，保護者や地域住民が行政や他人任せではなく，自分たちの問題としてこれに取り組む契機として（―中略―）地域教育連絡協議会や地域教育活性化センターの積極的活用に関し，施策の充実に努めることが必要」[20]とした。これは保護者や地域住民が，行政サービスを受ける側に常にあるのではなく，当事者意識を持ち施策に参画する市民への期待が込められている。

　学習成果の活用としてのボランティア活動の推進は，ボランティア活動自体が生涯学習活動の一環であると共に，市民との連携・協働という文脈も含まれると見ることができよう。生涯学習審議会答申「学習成果を幅広く生かす」（1999年）によれば，ボランティア活動とはNPO活動等とともに「新たな『公共』のための活動とも言うべきものとして評価される」とした。ここでは，新たな公共とは「官」と「民」では捉えきれない新たな活動とした。

　「新しい公共」の用語はその後，民主党政権下において国家戦略の柱とされた。2010年には新しい公共担当特命大臣が設けられたほか，新しい公共円卓会議，新しい公共推進会議等が設置され，「新しい公共」と行政の関係の在り方や，住民同士の支え合いのネットワークづくり等が検討された。こうした国の動きは生涯学習政策にも影響を及ぼしてきた。市民との「協働」は，生涯学習政策を推進する上で，今日に繋がる重要な観点と捉えられている。

(4) 学校・家庭・地域の連携という文脈の生涯学習政策（2000年代以降）

　中央教育審議会答申「新しい時代にふさわしい教育基本法と教育振興基本計画の在り方について」（2003年）は，現行の教育基本法を貫く「個人の尊厳」，「人格の完成」，「平和的な国家及び社会の形成者」などの理念を大切にすると共に，「二一世紀を切り拓く心豊かでたくましい日本人の育成を目指

す観点から」，いくつかの教育理念や原則を明確にするため教育基本法を改正することが必要とした。そこで挙げられた教育理念や原則の中に「家庭の教育力の回復，学校・家庭・地域社会の連携・協力の推進」や，「生涯学習社会の実現」「教育振興基本計画の策定」などが挙げられた[21]。

教育基本法は，同審議会の答申を受けて2006年12月に改正された。改正された教育基本法には第3条「生涯学習の理念」や，第13条に「学校，家庭及び地域住民等の相互の連携協力」といった新たな条文が設けられた。

教育基本法の改正を受けて，2007年度以降，地域住民や保護者等の連携・協力により学校を支援する学校支援地域本部事業，放課後に子どもたちに学び・交流・体験の機会を提供する放課後子ども教育事業など，学校・家庭・地域の連携による教育の推進に関する事業が，生涯学習政策の一環として進められてきた。その事業は国，都道府県，市町村がそれぞれ3分の1の予算を出すスキームで展開されている。2015年度の文部科学省の統計によれば，全国に学校支援地域本部は4,146本部，放課後子ども教室は14,392教室設置されており，今後もさらに増加が目指されている[22]。コミュニティスクール，土曜授業といった取り組みも同様に学校，家庭，地域の連携による教育の推進の具現化を図る施策の一環と位置づけられる。

中央教育審議会は「新しい時代の教育や地方創生の実現に向けた学校と地域の連携・協働の在り方と今後の推進方策について（答申）」を，2016年12月に提示した。そこでは学校と地域はより強いパートナーシップを構築し，(1)地域とともにある学校への転換，(2)子供も大人も学び合い育ち合う教育体制の構築，(3)学校を核とした地域づくりの推進が提案された。学校と地域のより強い連携・協働が，今後もさらに継続して求められている。またコミュニティスクールの推進や，地域学校協働本部（仮称）との一体的，かつ効果的な教育・学習の推進の在り方も示された[23]。

以上のように日本の生涯学習に関する答申を，連携，協働，ネットワークを重視する政策という観点で分類を試みた。そうしてみると，連携，協働，ネットワークの考え方の原点は1960年代の生涯教育論に見出せる。また，時を経てその考え方は，生涯学習の基盤整備のため，市民との協働，学校・家庭・地域の連携といったように，重点が重複しつつもシフトしてきたこと

が明らかとなった。

4 ▶ 生涯学習政策における教育委員会と企業・NPO等との連携・協働の実態

　日本の生涯学習政策は「連携」,「協働」,「ネットワーク」を鍵概念とする答申を重ねて提示し，その実現をめざしてきたと言えよう。では実態としての生涯学習政策は，どのように行われているのだろうか。ここでは生涯学習政策にあたり実際に教育委員会が，企業やNPO等といかなる領域で連携・協働を行っているのかその実態を示すことにしよう。そのために，本節では国立教育政策研究所のプロジェクト研究の一環として実施した全国都道府県，市区町村教育委員会を対象とする調査の一端を紹介し，企業やNPO等との連携・協働の実態を検討する[2]。

　表1は，都道府県教育委員会調査と，市区町村教育委員会調査において企業との連携・協働を行った教育関連分野や事業の計30項目中の上位10位の内容と実施率を示している。都道府県教育委員会の場合，企業との連携・協働は「キャリア教育・職業教育支援」（64.4％）が最も多く，次いで「家庭教育支援」（48.9％）や「学校での授業支援」（42.2％）が40〜50％を占めた。上位9位までが約20％であった都道府県教育委員会と企業の連携・協働は，多領域で進展しつつある。

　他方，市区町村教育委員会と企業との連携・協働についてみると，第1位は「行っているものはない」（21.1％）であった。20％以上の市区町村教育委員会は，企業との連携・協働に全く着手していない。次いで行っている事業としては「キャリア教育・職業教育支援」（19.8％），「学校での授業支援」（10.9％）が上位を占めるが，実施率は上位であっても約20％〜10％程度に留まっている。市区町村教育委員会の場合，第4位以下は実施率が10％未満である。この調査結果より，教育委員会と企業との連携・協働は，都道府県教育委員会の場合はかなり取り組みが見られるが，市区町村教育委員会の場合は未だかなり限られた範囲での取り組みであり，全体の実施率も低く留まっていると言えよう。

表1　教育委員会と企業との連携・協働の実態―上位10位の比較―

都道府県教育委員会（n=45）	市区町村教育委員会（n=1,289）
1位　キャリア教育・職業教育支援（64.4%）	1位　行っているものはない（21.1%）
2位　家庭教育支援（48.9%）	2位　キャリア教育・職業教育支援（19.8%）
3位　学校での授業支援（42.2%）	3位　学校での授業支援（10.9%）
4位　地域における学習支援（28.9%）	4位　スポーツ振興（8.7%）
4位　教育関連施設の運営・管理や事業支援（28.9%）	5位　青少年の体験活動（自然体験・社会体験・生活文化体験）の支援（7.4%）
6位　その他の連携・協働（24.4%）	6位　ICT教育（7.1%）
7位　青少年の体験活動（自然体験・社会体験・生活文化体験）の支援（22.2%）	7位　教育関連施設の運営・管理や事業支援（6.0%）
8位　スポーツ振興（22.2%）	8位　地域における学習支援（5.2%）
9位　ICT教育（17.8%）	9位　文化振興（4.7%）
10位　読書推進や振興のための活動（13.3%）	10位　環境教育（4.1%）
10位　科学技術に関する教育（13.3%）	
10位　障害者支援（13.3%）	
10位　環境教育（13.3%）	

（複数回答）

　表2はさらに教育委員会とNPO等との連携・協働を行った分野や事業の上位10位の内容と実施率を示したものである。都道府県教育委員会の場合，「青少年の体験活動の支援」（44.4%），「家庭教育支援」（42.2%），「キャリア教育・職業教育支援」（37.8%），「地域における学習支援」（35.6%），「不登校・ニート・引きこもりに対する支援」（33.3%）が上位5位を占め，いずれも実施率が30%～40%であった。市区町村教育委員会の場合は，前掲の企業との連携・協働よりもやや実施率は高くなり，第1位は「青少年の体験活動の支援」と「スポーツ振興」（25.6%）が同率で上位を占めた。その他「文化振興」（19.2%），「読書推進や振興のための活動」（17.1%）が上位5位内に挙げられた。他方，市区町村教育委員会は企業の場合と同様に

表2 教育委員会とNPO等との連携・協働の実態―上位10位の比較―

都道府県教育委員会 (n=45)	市区町村教育委員会 (n=1,289)
1位 青少年の体験活動((自然体験・社会体験・生活文化体験)の支援 (44.4%)	1位 青少年の体験活動(自然体験・社会体験・生活文化体験)の支援 (25.6%)
2位 家庭教育支援 (42.2%)	1位 スポーツ振興 (25.6%)
3位 キャリア教育・職業教育支援 (37.8%)	3位 文化振興 (19.2%)
4位 地域における学習支援 (35.6%)	4位 行っているものはない (18.5%)
5位 読書推進や振興のための活動 (33.3%)	5位 読書推進や振興のための活動 (17.1%)
5位 不登校・ニート・引きこもりに対する支援 (33.3%)	6位 地域における学習支援 (14.6%)
7位 学校での授業支援 (33.1%)	7位 家庭教育支援 (14.5%)
8位 スポーツ振興 (31.1%)	8位 学校での授業支援 (12.1%)
9位 防災教育 (26.7%)	9位 子ども・若者の居場所づくり (11.1%)
10位 子ども・若者の居場所づくり (24.4%)	10位 その他の青少年の学校外活動支援 (10.9%)

(複数回答)

「行っているものはない」(18.5%)が第4位であった。約20％の市区町村教育委員会はNPO等との連携・協働についても全く行っていない状況にある。

　都道府県教育委員会と市区町村教育委員会を比べると，NPO等との連携・協働の上位項目には共通する領域・事業がある反面，異なる側面もある。上位5位内の項目を見ると都道府県教育委員会の場合，上位項目には各世代の教育・学習支援の内容が多いのに対し，市区町村教育委員会の上位項目にはスポーツ振興や文化振興など，地域づくりに関連すると思われる領域・事業も挙げられた。以上の全国調査により，都道府県教育委員会と市区町村教育委員会の企業やNPO等との連携・協働の状況が浮かび上がった。都道府県教育委員会と市区町村教育委員会は，企業やNPO等との連携・協働といっ

ても，その領域・事業の種類や実施率にかなりの違いがあることが明らかとなった。

5 ▶ おわりに

　ここでは国の生涯学習に関する答申や調査結果を手がかりとしながら，日本の生涯学習政策において「連携」「協働」「ネットワーク」といった鍵概念がいかに重視され続けてきたのかを辿り，さらに実態として教育委員会と企業やNPO等との連携・協働の領域や実施率を検討した。日本の生涯学習政策は，今後もさらに市民や企業，NPO等との連携・協働の推進をすすめることだろう。生涯学習政策は，これまでに以上に学校教育政策との一体的推進が目指されている。そうした新たな生涯学習政策の動きを受けて，改めて大人の学びと子どもの学びの学習条件整備の在り方や，学習支援の在り方が問われてくるように思う。

　有機的システムとしての生涯学習政策は，常に変化し続ける存在である。今後の生涯学習政策は，弱い紐帯と強い紐帯を複雑に組み合わせながら，不測の事態や困難な問題状況にも柔軟に対応できる可塑性の高いネットワークシステムを構築し，かつ学習者を主体とする生涯学習社会を実現する礎になることを期待したい。

注

1) 『広辞苑』第6版，「政策」とは① 政治の方策，政略，② 政府政党などの方策ないし施策の方針とされる。
2) 国立教育政策研究所プロジェクト研究「多様なパートナーシップによるイノベーティブな生涯学習環境の基盤形成に関する研究」（2014年〜2015年度，研究代表岩崎久美子）の一環として，2015年7月〜10月に実施した全国都道府県，及び区市町村教育委員会を対象とする行政調査。本調査報告の詳細は国立教育政策研究所研究報告書「多様なパートナーシップによるイノベーティブな生涯学習環境の基盤形成に関する研究」（国立教育政策研究所，2016）を参照。調査対象の母数は47都道府県教育委員会（回収率95.7%，n=45），及び全国市区町村教育委員会1,737サンプル（回収率74.3%，n=1,289）を対象とする全国調査である。

3) 伊藤真木子「社会教育における連携の意味」鈴木眞理・伊藤真木子・本庄陽子編著『社会教育の連携論』学文社，2015，p.7。
4) 同上書。
5) 「連係・連繋」は互いにつながること。他と密接な関連をもつこと。つながりを意味するのに対し，「連携」は互いに連絡をとりながら物事を行うこと。手をたずさえて物事をすることを意味する。『広辞苑』第6版参照。
6) 中根千枝著『タテ社会の人間関係』講談社現代新書，1967，pp.107-112。
7) 前掲，伊藤真木子「社会教育における連携の意味」，p.8引用。
8) 同上書，pp.8-9。
9) L・フォン・ベルタランフィ著，長野敬・太田邦昌訳『一般システム理論—その基礎・発展・応用—』みすず書房，1973年他参照。
10) 金藤ふゆ子著『生涯学習関連施設における学習プログラム開発過程研究』風間書房，2012年。筆者は生涯学習関連施設における学習プログラムをオープン・システムであり，一つの有機的統一体と捉えた。生涯学習政策も人間を構成要素として含んでおり，それ自体を一つのオープン・システムと捉えることも可能であろう。
11) 前掲伊藤真木子「社会教育における連携の意味」，p.9
12) 社会教育審議会答申「急激な社会構造の変化に対処する社会教育のあり方について」1971年4月。
13) 同上答申。
14) 中央教育審議会答申「生涯教育について」1981年。
15) 同上答申。
16) 臨時教育審議会答申第三次答申，1987年4月。
17) 株式会社インテージ『平成23年度文部科学省委託調査　生涯学習センター・社会教育施設の状況及び課題分析等に関する調査』報告書，平成24年3月，p.6。
18) 中央教育審議会答申「新しい時代に対応する教育の諸制度の改革」1991年。
19) 生涯学習審議会答申「社会の変化に対応した今後の社会教育行政の在り方について」1998年。
20) 中央教育審議会答申「今後の地方教育行政の在り方について」1998年。
21) 中央教育審議会答申「新しい時代にふさわしい教育基本法と教育振興基本計画の在り方について」2003年。
22) 文部科学省・厚生労働省ホームページ「学校と地域でつくる未来」，「実施状況」，http://manabi-mirai.mext.go.jp/houkago/enforcement.html（2016年6月参照）
23) 中央教育審議会「新しい時代の教育や地方創生の実現に向けた学校と地域の連携・協働の在り方と今後の推進方策について（答申）」（中教審186号）2015年12月21日。

【謝辞】
　国立教育政策研究所プロジェクト研究『多様なパートナーシップによるインのベーティブな生涯学習環境の基盤形成に関する研究（Ⅱ）―行政調査』（平成26年～27年度）の一部掲載をお認め頂きました．同研究所研究代表　統括研究官（2016年3月現在）岩崎久美子先生（現放送大学教授）に心より御礼を申し上げます．

住民の学びと地域づくり

浅野　秀重

1 ▶ はじめに―教えること　学ぶこと―

「教えるとは 希望を語ること　学ぶとは 誠実を胸にきざむこと」[1)]

　これは，大島博光氏の翻訳による，フランスの詩人 ルイ アラゴンのストラスブール大学の歌の一節で，筆者が大学に入学したとき，上級学年の方が語っていた言葉である。

　希望を語る営みとして「教育」を，誠実を胸に刻む営みを「学習」としてとらえた時，教えることは教える側の者と教えられる側の者との間で，その立場を超えて，未来を語り合いともに高まり合う行為としての「教え合うこと」であり，他方自主的な営みとしての「学び」は，ことの真理や真実を探求するということを目指しながら取り組んだ主体的な「学び」によって，知ることのできたことや把握することのできた真理や真実の前では，謙虚でなければならない，というようにとらえることなのではないだろうか。

　さて，社会教育法は，学校の教育課程として行われる教育活動を除いた「主として青少年及び成人に対して行われる組織的な教育活動」を「社会教育」として概念規定しているが，社会における教育活動を概観したとき，誤解を恐れずに言えば，学校教育の主たる対象が青少年だとすれば，社会教育の主たる対象は成人であるということができると考える。社会教育は，励まし合い学び合いの自己教育活動と言われることもあるが，教育活動であるのならば，やはり教育の目的の達成が求められる。ではこの教育の目的とは何だろう。現行教育基本法は，2006（平成18）年に制定されたが，同条第1項には，「国家及び社会の形成者」が掲げられ，この形成者には，英文の旧教育基本法では，「builder」という単語が充てられていた。言い換えれば，

「国家社会の担い手」を育てること，それが教育の重要な目的としてとらえたいと思う。

2 ▶ 学びの対象としての地域

〈つながり〉は，「個人や集団がある共通の課題や目的を媒介にして他者との関係を築く人間関係の総体」としてとらえることができる。〈つながり〉と「学び」は，「〈つながり〉が生み出す学び」でもあり，「学びが生み出す〈つながり〉」でもあるのではないか。

従来なじみのある言葉として地域住民のつながりを「地縁」ということがある。コミュニティは，「コミュニティ再興と市民活動の展開」と題された国民生活審議会総合企画部会報告（2005（平成17）年7月）では，「地域の様々なニーズや課題に対応するため，自主性と責任を自覚した人々が，問題意識を共有するもの同士で自発的に結びつき，ニーズや課題に能動的に対応する人と人とのつながりの総体」とされている。屋上屋を重ねることになるが，本章では，「従来から一定の範囲で暮らし，活動し，生活し，地域共同体として一定のルールを集団の英知を結集して築き，必要に応じて改変を加えながら地域の文化的営みとしての祭礼や伝統を継承し，歴史を築き，より良い人間関係の構築を目指しながら，住民の安心や安全を協働で維持し合いながら地域の課題の解決や地域の活性化に取り組む共同体」としてとらえてみたい。

さて，この「地域」ではあるが，人が生き，暮らし，働く場としての地域社会においては，子育て，環境，開発，人間関係，交通，産業など様々な面で課題を抱えていることがある。こうした地域における課題を解決し，より良い地域を創るための方向性を見いだすためには，地域と真摯に向き合った「学習」が不可欠である。

地域を学ぶということ，すなわち地域学習は，主として成人学習者たる地域住民が，その学びの対象として地域に関する学習を通じて地域課題の解決や地域活性化の方向性を見いだし，より良い地域を創造していくための「地域社会を学ぶ」営みである。地域を学習の対象として見たとき，①気候，地

形，地質などの地域の地理・自然に関すること，②できごと，遺跡，史跡などの歴史に関すること，③衣食住，生活，仕事，安全，防災，防犯などのくらしに関すること，④祭り，行事，文化，伝統，慣習，風習などの営みに関すること，⑤企業や特産品など経済・産業に関すること，⑥人的資源や物的資源に関すること，⑦観光・名所・景観に関すること，⑧学校・社会教育施設・福祉施設・保健衛生施設などの公共施設やそれらにおける事業や活動に関すること，⑨町会組織，子ども会や女性団体，NPOを含むボランティア団体の状況や活動などに関すること，⑩多文化交流，共生などに関することなど多様な領域・分野にわたる事項を，学びのテーマとして挙げることができる。

　「学び」を通じて，地域における継承すべき価値あるもの，是正や修正を加えるべきもの，さらには発展させるべきものなどが理解できるのではないかと思う。地域を学ばなければ，地域を学ぼうとしなければ，その地域で価値あるものは何か，何が課題となっており，その解決のためには，どのような取り組みが求められているか，の判断はできないと思われる。

3 ▶ 国際宣言や審議会答申等にみる大人の学びと地域づくり

　1997年の第5回 ユネスコ主催 国際成人教育会議で採択された「成人学習に関するハンブルク宣言」において，大人の学習は，「人びとと地域社会の自律性及び責任感を発達させることであり，経済・文化・社会全体のなかで生じている変化に対処する能力を強化すること」であり，「共生，寛容，そして情報に通じ，しかも積極的な参加を創造すること」[2]であると述べる。

　当然のことながら，地域は，様々な世代で構成され，一人ひとりのものの見方や考え方も異なってはいるが，地域住民の学びを通じてつくられる「知」縁的なつながりは，地域が抱える課題を住民が互いに協力・協働し合いながら解決の方向を見いだす基盤となるものである。

　住民自らが主体的に地域を学び，地域を観察し，調査し，問題や解決の方策を考え合うという活動の意義をともに確認し合い，学びの過程における苦

労や喜びの共有化が，地域住民の間での連帯意識の形成にも影響を与えるものとなるであろうし，地域住民の問題意識を持った学習が，住民の自治意識の向上に寄与し，そうした継続的な営みによる学びの成果を活かす取り組みが，地域づくりやまちづくりであると思われる。

1998（平成10）年　生涯学習審議会答申「社会の変化に対応した今後の社会教育行政の在り方について」においても，「地域の住民が，地域社会が自らの生活基盤であるとともに住民自身が地域の構成員であるという意識を培っていくことが重要」であり，「地域の課題を的確にとらえた学習活動の提供，ひとづくり，まちづくりなど地域に親しみをもてるような社会教育活動，住民相互の交流につながる社会教育活動の振興に努める必要がある」「地域社会の活性化に向け，地域住民が地域に根ざした活動を行えるような環境を創り出すことや住民が一体となって地域づくりを推進していくような活動（地域共創）を支援していくことに取り組むこと」「住民の学習活動の支援という観点とともに，地域づくりのための住民の社会参加活動の促進という観点を加味して推進する必要がある」と指摘する。

また，2004（平成16）年8月23日の文部科学省に置かれた地域づくり支援アドバイザー会議による「地域を活性化し，地域づくりを推進するために―人づくりを中心として―」と題する提言によれば，「地域づくりの取組みは，地域が抱えている課題や目指すべき地域社会像を明らかにしながら，地域の特性や地域資源を十分に把握した上で，計画的かつ継続的に行うこと」，そのためには，「地域社会の変化に対応した知識や技術を学びながら実践し，実践を通して新たな課題を発見し，さらに課題の解決に向けて学習し，それをまた実践に生かすということを絶えず行っていく必要」があり，このため，地域づくりは，「学習と実践を一体的かつ継続的に行うもの」であり，「学習と実践を通じて展開される地域づくりは，生涯を通じて学び続ける生涯学習と切り離して考えられるものではない」とする。

さらに，2011（平成23）年12月9日　中央教育審議会教育振興基本計画部会による第2期教育振興基本計画の策定にあたっての今後の教育行政の基本的な方向性として示された視点の一つが，「絆づくりと活力あるコミュニティの形成～社会が人を育み，人が社会をつくる好循環～」である。その中

では,「持続可能で活力ある社会は,個人の能力を高めるのみならず,多様なコミュニティにおける様々な人々のつながりや支え合いを形成することにより実現される」「様々な人々との関わりの中で,個人の社会性などが培われ,様々なアイデアが創出される。その支え合いの営みがより高次の社会への発展を促す」ものと考えられることから,「人のつながりや支え合いの重要性」を強調,そのために「公民館,図書館,博物館などの社会教育施設を拠点とした地域づくり・絆づくりの推進,文化・スポーツを軸にしたコミュニティ形成」を掲げている。

4 ▶ 地域住民の〈つながり〉と開かれた人間関係

　地域における人と人とのつながり,これは,人と人とのより良い人間関係の構築と言い換えても良いものと思われるが,人間関係を育むためには,地域住民が日常的につながり合っていることが大切であり,このつながりは短時日につくりあげられるものではなく,日常的なあいさつの交わし合い,世間話,地域のイベントへの参加,可能な限り地域の世話役を引き受けること,町内会等地域組織の総会等への参加などなどによる「顔の見える関係」がつくられていることによって,つながりができるのではないか。地域住民のこうした〈つながり〉が,地域にいくつもの「自助」や「近助」「共助」を創り出してきており,地域への愛着を抱き,住んで良かった,住み続けたいと思う帰属意識を育てることになるのではないかと考える。

　つながるということは,「開かれた人間関係」を構築することでもある。それは,①「水平的な関係」を指し,異なった価値観,背景を受容していく柔軟な関係を想定することであり,また我々人は,②「何か役に立つ」という経験を通じて「自分は必要とされている存在」と感じ,「自己尊重」,つまり自分を尊び,自分を信じる気持ちを自らの中で育んでいき,③サービスの「受け手」から「与え手」の立場に立ち,動機づけられることで人は意欲的になっていく。さらに④思いやりを持って人に接し,みんなと喜びを分かち合い,公正な心を持つことが自分の成長へとつながること,⑤自分に与えられている才能,特性,時間を何らかの形で他者と分かち合う行動が積極的な

生き方と関わること，⑥お互いに開かれた存在として相手を受け入れ，自分の側からも積極的に相手に「関わる」ことが人間関係を作っていく上で重要，⑦「タニンゴト」をまるで「ジブンゴト」のように感じる，新しい仲間意識などと関わるのではないだろうか。

5 ▶ 元気な地域づくりのための公民館の「底力」

　元気な地域づくりのための公民館の「底力」調査は，人口比に応じて無作為抽出した地域住民及び公民館の講座・学級等の参加者を対象に，元気で活力ある地域をつくっていくために公民館や公民館職員はどうあるべきか，どうあることが期待されているか，さらにどのようなことが重要と思われているかを問い，今後の公民館における社会教育活動や公民館のもつ潜在的な底力を高めるために活用することを目的として，2010（平成22）年10月～11月「元気な地域づくりのための公民館の『底力』調査」を実施したことがある[3]が，改めて，①社会教育事業は，学習活動を通じて地域社会の形成者を育てる事業の一つであり，自らの地域を自らの力で創るという意識形成に寄与し，②ふれあい活動や「結い」を通じて築かれた近隣住民の助け合いのきずなやつながり合い，日常的に隣近所がつながり合うことによる地域コミュニティが人々の命や暮らしを支え，そして③地域の中での人と人のつながりが，地域内で人・物・情報のネットワークを広め，ひいては地域の活力を高めることにつながり，それが地域においていくつもの「自助」や「共助」を創り上げ，様々な形での「公共」を地域に創り出す活動となるということを確認できたと考える。

　地域の課題を発掘し，課題を共有するために，自己学習やグループ学習に取組み，時には専門家等の参加・支援による学びを行うということが，地域についての理解を深め，住民の意識を高め，地域の中で暮らす住民として今何をなすべきかの方向を自己確認する機会となる。住民自らが主体的に学び，地域を観察し，調査し，問題や解決の方策を考え合うという活動の意義をともに確認し合い，学びの過程における苦労や喜びの共有化が，地域住民の間での連帯意識の形成にも影響を与えるものとなるであろうし，住民の問

題意識を持った学習が，住民の自治意識の向上に寄与し，そうした継続的な営みが，魅力的で活力ある地域づくり・まちづくりにつながるのではないか。

　筆者は，かつて「こうみんかん」は，地域住民に対し学びの機会を提供する「公民の館（やかた）」であるとともに，行政や地域の各種団体・機関と地域住民との「間（あいだ）」に位置し，必要に応じて地域住民と行政とを結ぶ公民「間」，地域住民にひとや体験・自然等との出会いの場を提供しその「感性」を豊かにする公民「感」，社会のしくみや地域課題などの学びを通じて人生観や職業観などものの見方や考え方に影響を与える可能性を持つ公民「観」，地域住民に地域で生き，暮らし，働き，支え合いそして学び合う歓びを提供する公民「歓」，地域住民を強い絆で結び強固な環を形成することに寄与する公民「環」，さらには魅力的で活力ある地域づくりの中核的な「幹（みき）となる場，あるいは地域づくりの担い手，リーダー（幹）を育てる公民「幹」というような捉え方はできないものだろうかと提起したことがある[4]が，「公の施設」として社会教育事業を推進する公民館は，そのやかた（館）に「ヒト」と「空間」と「情報」が存在していることで，学習者である地域住民が信頼を寄せ，その事業や活動・取組み等が歓迎され，講義や実習，視察などの様々な方法により行われる活動を通じて，地域課題の解決や創造的な文化の創出に寄与していること，地域住民が「地」縁により結ばれるだけではなく，学びを通じた「知」縁により地域住民同士がさらに強く切り結ぶこと，それらが，地域の機関や団体間の協働や連帯を強固なものにし，より良いコミュニティづくりへと連動していくものと考える。

　地域住民が地域を学ぶことにより，地域の課題が見え，その課題の解決に向けて住民の意識が高まり，地域に対し，自分は何をなすことができるのかを理解することになるものと考える。地域再生は，住民の学習活動を前提とした，生きがい，住みがい，暮らしがい，学びがいのある地域を創ることでもあるように思われる。

　公民館等の地域におけるコミュニティ施設で展開される学習活動・教育事業は，相互の学び合い・教え合いの活動や事業を通じて，地域住民間の連帯意識や相互支援意識，地域への帰属意識等を形成する上できわめて重要な活

動であると思われる。それゆえ，学習成果を地域におけるボランティア活動やまちづくり活動に生かすよう期待されている。そうした学習活動を通じた地域住民の自覚的・主体的な営みが，地縁による住民のつながりをさらに「知」縁によってその連帯意識を強固にするものと思われる。

　1998年の生涯学習審議会答申「社会の変化に対応した今後の社会教育行政の在り方について」は，「地域の課題を的確にとらえた学習活動の提供，ひとづくり，まちづくりなど地域に親しみをもてるような社会教育活動，住民相互の交流につながる社会教育活動の振興に努める必要がある」という。つまり，社会教育事業は，地域住民が，自ら暮らし生活の基盤としている地域に親しみを感じ，住民同士の交流を促進することをねらいに推進することが期待され，その取り組みが，住民自身に地域の構成員であるという自覚意識を培っていくことになるのではないだろうかと考える。この「つながり合う」ということに，社会教育事業は大きな役割を果たすことが期待されている。

　また，地域に一緒に住んでいるだけ，というつながりではなしに，みんなと一緒に地域の様々な課題や地域の今後あるべき方向について一人ひとりが考えたり学んだりする機会である「教育事業」や「学習活動」などの場で，意見や思いを語り合うということ，地域住民の互いの顔が見える関係をつくるということ，悩みや喜びを共有し一人ひとりが地域コミュニティの形成者であるという意識を育てること，これらを目的に，地域コミュニティの形成や再生に寄与する社会教育事業を実施することが求められている。

6 ▶ 地域づくりと住民の〈つながり〉

　地域の活力は，決して人口，生産額，観光客，ハコものの数で評価されるのではなく，その地域の住民の自覚的意識的な活動によって生み出されるものであり，そうした意識形成に学習活動は不可欠である。もちろんこうした学習は，公民館などでの学習施設での講義を聴くという座学だけではなく，実際に地域を観察し，調査し，問題や解決の方策をともに考え合うという活動が重視されなければならない。学ぶ喜び，地域の魅力の発見による喜びの

共有化が，地域住民の連帯感を育て，まとまり，「おらがまち，おらが地域」意識を育てることになる。

　地域づくり・まちづくりは，それぞれの地域における自然環境，文化遺産，施設設備，産業，課題など地域の特性や資源，状況等に応じて様々な手法で推進され，時には，行政主導で進められたり，住民の自主的な活動により進められたり，さらには行政と住民や団体等との協働により進められたりする。その場合，地域の現状や課題を知らなければ，有効な施策や活動の方向を見いだすことはできないだろう。それゆえ，地域づくり・まちづくりは，地域住民の学習活動を前提とした取組みであると，改めて言わねばならない。地域住民が様々な切り口による学びを通して出会ったり発見したりした具体的な事実にもとづいて地域を考え，理解し，そうした学びから見いだされた課題の解決に向けて努力し，得られた成果を地域での生活に反映させるということが重要であると考える。

　そうした意識的な取組みが，公民館における事業を通じてのコミュニティづくりに大きく寄与する。こうした取組みは，2008（平成20）年2月の中央教育審議会答申「新しい時代を切り拓く生涯学習の振興方策について」において，今後公民館に期待される活動として提起された「各地域の実情やニーズに応じて，民間等では提供されにくい分野の講座開設や子育ての拠点となる活動を積極的に行うなど，『社会の要請』に応じた学習活動の機会の量的・質的な充実に努め，その成果を地域の教育力の向上に生かすこと」「関係機関・団体と連携・協力しつつ，地域の課題解決に向けた支援を行い，地域における『公共』を形成するための拠点となること」と軌を一にするものと思われる。

7 ▶ おわりに―学びを通じて地域を「みる」ということ―

　我々が，地域や地域づくりについて考える，つまり地域を学ぼうとするとき必然的に地域を「みる」こととなる。ではこの「みる」ということについて考えてみたい。「見る」は，目でみる，みとめる，見分ける，弁別する，考える。「観る」は，よく見る，こまかに見る，注意して見る，広く見る，

見わたす，見物する。「視る」は，特に気をつけて見る，注意してみる，「覧る」は，よく見る，ながめる，見渡す。そして「診る」は，よくみる，病状を調べる，診察する[5]，というように説明される。

　地域を学ぼうとするとき，我々はそれぞれの立場（視点と言ってもいいかもしれないが）で，「みる」ことになる。「足下（元）を見る」というと「相手の弱みを見抜いてそれにつけこむ。弱点に乗じる」ことと説明されるが，ここでいう「足下」とは，自らが生活し暮らす基盤，セキュリティベースたる「地域」のことであり，ここをしっかりと「みる」ことが，重要であるということである。「百聞は一見に如かず」ではあるが，「百見は一考に如かず」，「百考は一行に如かず」，「百行は一果に如かず」とも言われる。改めて申すまでもないことかもしれないが，百回聞くより一度見てみることであり，百回見るよりも一度それを考えることであり，百回考えることにとどめることなく考えたことを行動に移してみる，さらに成果を生み出すということである。このことは学んだことを生かして社会参加してみるということにもつながるように思う。

　公民館は，「つどう，学ぶ，結ぶ」役割を有する地域コミュニティにおける社会教育施設，住民の学習拠点であるとともに地域づくりに寄与する拠点といわれるように，「聞く」「見る」「考える」「行動する」きっかけを提供する場とみることもできよう。

　こんにち，地域創生，地方創生が唱道されている。魅力的で活力ある地域づくりを進めていく上で，その担い手としての地域住民に期待されることには大なるものがあろう。もちろん行政は行政としての役割を果たさねばならないが，住民が自ら住み暮らし生活する基盤としての地域を見る，視る，観る，覧る，診る眼や心，頭を持つことが，住民自身が地域づくりを担う上での基盤になるものと考える。そうした眼，心，頭を育てる営みとしての意図的な「攻め」の社会教育，成人教育の推進が重要になるものと思われる。

　地域住民の問題意識を持った学習が，住民の自治意識の向上に寄与し，そうした継続的な営みによる学びの成果を活かす取り組みが，地域づくりやまちづくりである。改めて，佐藤一子氏が言うように，社会における学びが，地域社会の担い手育てとなるとともに，「社会を創る学び」[6]となるというこ

とに確信を抱き，地域住民の〈つながり〉形成に資する「攻め」の社会教育活動のより一層の推進に努めていきたいものである。

注・参考文献
1) 大島博光ほか訳『アラゴン選集Ⅱ』飯塚書店，1979 年，p.151。
2) 社会教育推進全国協議会『社会教育・生涯学習ハンドブック第 8 版』 エイデル研究所，2011 年，p.161。
3) 浅野秀重『科学研究費補助金基盤研究（C）研究成果報告書 震災復興に向けた地域コミュニティ再生のための社会教育事業の在り方に関する研究』2011 年。
4) 浅野秀重「公民館をとりまく状況の変化は，その運営にどのような影響を及ぼすのか」『社会教育』2009 年 5 月号，全日本社会教育連合会，p.32。
5) 鎌田正，米山寅太郎『漢語新辞典』大修館書店，2001 年。
6) 佐藤一子『生涯学習と社会参加』東京大学出版会，2012 年，p.66。

住民主体の地域運営と公民館

生島　美和

1 ▸ はじめに

　超少子高齢化，人口減少社会の到来を受け，全国各地で住民による自立的な地域運営が行われてきている。そこでは，高齢者福祉や防災，教育，居住環境や運営資金調達・産業までも，基礎自治体よりもさらに小さい地区レベルでの実践およびそれを促そうとする政策が図られてきており，「集い，学び，つながる」を掲げた地域活動の拠点として，公民館が注目されている。

　公民館は戦後の社会教育法制化のなかで生み出され，戦前から存在していた図書館・博物館を凌ぎ普及・発展してきた。1960年代半ばからは都市化や社会構造の変化に伴い「市民の大学」を構想する都市型公民館も登場するも，当初に掲げられた「地域における民主主義の学校」「地域における総合的な文化施設」としての公民館像も，今日なお地域社会に根差し学びを通じた住民自治の実現を目指すわが国の社会教育活動の支柱として経験が重ねられてきている。

　本章では，わが国の住民主体の社会教育活動を支えるべく戦後法制化されてきた社会教育施設の概念および今日の公民館運営をめぐる動向を整理した上で，青森県黒石市を事例とし，地域社会において住民が施設運営の主体となりながら住民間のつながりの核となり，地域の課題解決と交流を生み出す学習を通じた地域づくりを捉え，今日求められる施設運営の様態を捉えることとする。

2 ▶ 地域のつながりの核としての公民館

(1) 社会教育施設の概念

「社会教育施設」の概念は，戦後の社会教育法制下において明確化され定着が図られてきたものである。三井為友は戦前の「施設」とは物的営造物ではなく「施し設け」たもの，あるいは「施しとして設け」るもの，すなわち「事業」として理解すべきであり，物的な施設よりも精神的振作として戦前の社会教育の性格を特徴づけていると述べた[1]。同様に碓井正久も戦前の社会教育は官府的民衆教化の特性を持つゆえ，「非施設団体中心性」すなわち体制的教化のためには物的営造物の設置よりも団体の育成に注力されたと特徴づけている[2]。このような戦前の国家的教化政策の反省から戦後の社会教育は「国家が指揮し統制して，国家の力で推進せらるべき性質のものではない」[3] ものとされた。そして社会教育法第3条「国及び地方公共団体は，社会教育の奨励に必要な施設の設置及び運営，集会の開催，資料の作製，頒布その他の方法により，自ら実際生活に即する文化的教養を高め得るような環境を醸成するように努めなければならない。（一部略）」にみられるように，国民の自由な社会教育活動を保障するための「環境醸成」の理念に基づき，社会教育施設の充実化が図られてきた。社会教育法では全体の4割を公民館に関する条文に割き，図書館・博物館については個別法で規定されている。これら主たる社会教育施設は，地域の実情に合わせた事業，職員の配置，事業の遂行，公民館運営審議会や図書館／博物館協議会の設置による住民の運営への参加を保障することで社会教育実践を拡げてきたと言える。

1970年代，小林文人は施設の増加は見られるものの，施設機能の不全や職員配置には自治体間・地域間に大きな差を生じさせてきたと指摘した[4]。そして社会教育施設の条件整備の原則を，①「国民の学習権」保障，②地域施設としての性格，③機会均等の原則，④無料化の原則，⑤施設職員の専門職化，⑥施設運営における住民自治，⑦施設の「自由」と倫理綱領，としてまとめている。そして施設の量的拡大，複数配置や専門職員集団の形成や住民の学習・文化活動の広がりの一方で，デラックスな施設による機能の狭小化，職員不在など新たな課題を指摘した。

このように，戦後の社会教育行政の理念として掲げられた「環境醸成」を具現化する社会教育施設は，物的営造物としてのみならず，地域における住民の自由な学びを保障すべく専門的職員が配置され教育機能を有する制度化された場として捉えられてきたと言える。

(2) 揺らぐ公民館の実践基盤

　社会教育施設のなかでも住民の地域社会に根差した学習を掲げ住民自治・地域づくりの拠点として機能する公民館は，条例に基づき市町村教育委員会により設置され職員の配置や予算措置のもと運営されるべく，量的普及と実践の充実化が図られてきた。しかし他方では首長部局に直結するコミュニティ政策や民間活力の導入といった大きなうねりがあり，その影響を受けながら公設公営による環境醸成としての公民館の存在意義を追求してきた。

　たとえば1969年の国民生活審議会調査部会のコミュニティ問題小委員会による報告書『コミュニティ―生活の場における人間性の回復（中間報告）』以降に動き出したコミュニティ政策は，住民の参加・「市民意識」による自治的管理運営を期待し，コミュニティ・リーダーの養成や地域のシンボル・コミュニティ再編成の中心として機能するコミュニティ施設を求めるものであった[5]。また1980年代にインパクトを与えた松下圭一による「社会教育の終焉」論も，それまでの社会教育の特徴を「官治性・無謬性・包括性」と捉え，それを乗り越える成熟した市民による自治型の市民文化活動への注目を促した[6]。こうしたコミュニティ政策や議論には，自治や住民の参加の条件となる「市民」としての成熟や主体形成の過程への支援としての社会教育実践への視点が捨象されていることが指摘されている[7]。

　さらに1990年代以降の地方分権・規制緩和を掲げた自治体改革下においては，行政運営の合理化や効率性のもと社会教育行政を補助執行などの仕組みを用い首長部局へ移管させたり，それに連動して公民館から正職員を引き上げ，やはり教育委員会から首長部局へと所管を移しコミュニティセンター化させる動きが見られる。そして2003年の地方自治法の改正により，それまでの「管理委託制度」に代わり導入された指定管理者制度は，民間活力の導入を謳い社会教育施設の設置・運営のあり方にさらに大きな変革をもたら

した。指定管理者制度とは「公の施設の設置の目的を効果的に達成するため必要があると認めるとき」その管理・運営について，公共的団体だけでなく民間事業者であっても指定管理者とし，あらかじめ定めた期間，具体的な業務内容の実施も含め管理運営の代行を委託することができるものである[8]。

　実際に制度が導入されるケースの多くは，自治体職員数の縮小や経費削減を目的としている。市場原理や経済的効率性，指定期間の存在により，低賃金労働や不安定な雇用の創出，事業や研究の継続性や専門性，資料の保存・管理に関わる信頼性・公共性，ひいては住民の学習や地域文化の発展に危機をもたらす可能性を持つといった未熟な制度であり，社会教育施設への導入はなじまないということが理論的にも実践的にも指摘されてきた。

　しかし社会教育に関する基本的事項を明らかにすることを目的とし文部科学省が3年ごとに実施している『社会教育調査』によると，2005年以降，いずれの社会教育施設においても，指定管理者制度を導入する施設が増加していることが分かる（表1参照）。公民館は，「その他」が900館（導入施設全体の68.2％）を占めているが，実態は当該地区の町内会連合会や地区振興協議会であり，「社団法人・財団法人」の内実もこれらの組織が法人格を持つものであることが多く，両者を合わせて捉える必要がある。このよう公

表1　社会教育施設における指定管理者制度の導入状況

	施設数	導入施設数	うち，指定管理者					導入数		
			地方公共団体	社団法人財団法人	会社	NPO	その他	2011	2008	2005
公民館	15,392	1,319	9	285	92	33	900	8.6	8.2	3.3
図書館	3,249	347	1	52	223	44	27	10.7	6.5	1.8
博物館	724	158		118	31	4	5	21.8	19.0	7.8
博物館類似施設	3,522	105	24	522	211	73	223	29.9	27.8	
青少年教育施設	1,020	393	9	150	87	49	98	38.5	33.5	16.7
女性教育施設	277	88		34	7	22	25	31.8	27.8	7.7
社会体育施設	27,469	9,714	95	4,038	2,953	858	1,770	35.4	32.0	20.7
文化会館	1,742	935	9	558	244	47	85	53.7	50.2	33.2
生涯学習センター	409	91		47	17	6	21	22.2	17.7	

＊文部科学省『社会教育調査報告書』平成17，20，23年度，インターネット版より筆者が作成

民館の背景には，自治体の財政難による運営費の縮小を背景としながら，名目上は「住民主体の学習活動を通じた自治・地域づくり」が掲げられ当該地区の地域住民組織を指定管理者としている事例が多く見られる[9]。

さらに2014年4月に総務省は各自治体に対して「公共施設等総合管理計画」の策定を要請し，各地で取り組みが本格化している。「公共施設マネジメント」と呼ばれるこの動きは，自治体が保有するすべての施設とその環境を経営戦略的観点から総合的に管理し活用することを求めるものである[10]。そこでは社会教育施設が他の公共施設と同様に扱われ，地域住民の学習活動の場，地域参画への回路としての教育的機能が埋もれてしまう状況がある。

このように見ると，コミュニティ政策の推進や効率化・合理化を掲げる自治体運営では，住民の参加・自治を既存のものとし，地域の拠点施設の管理・運営の主体として捉えており，そうした主体形成への過程に社会教育・公民館の実践があることは等閑視されている。しかしそれは裏返すと，強い機動力を持つ地方自治政策の動向の中で，社会教育法制下で地域の実態に即して条件整備を求めてきた社会教育研究・実践が，地域社会における公民館の機能・存在意義を表出しきれずにいたとも言えるのではないだろうか。

3 ▶ 地域づくりの拠点としての公民館像

(1) 公民館像の拡大

近年，市町村合併や地方分権のもとで，社会教育行政の縮小や社会教育施設の経営形態の多様化をふまえ，施設運営や学習事業の総体について，自治体が住民参加を担保しながらコントロールしようとする「社会教育ガバナンス」の考え方へのパラダイムシフトが図られている[11]。それは「社会教育が構成されていく過程とその全体像を可視化することが可能となるようなイメージ」[12]とされ，住民同士のつながりや場所・空間に基づく事業の展開といった地域の動態を積極的に把握しようとするものであると言えよう。こうした視点に立ちながら，さらに公民館により焦点化するならば，市町村の条例によって設置されたもののみならず，いわゆる分館や自治公民館もまた「地域集会施設としての公民館」（多目的型地域センター施設）として公民

の範疇で捉えようとしてきている[13]。それらは実態として，地域課題について住民が学びを通じ自治的活動・地域づくりを行っている場であり，または住民が集い自由に語り合う「たまり場」となり，日常生活レベルにおいて自治会，町内会などが管理・運営されているものである。

　立ち戻ると文部省公民教育課長の寺中作雄により提起された公民館の構想は，戦後日本の復興に対し「民主主義の基盤に，平和国家，文化国家として立つこと」が必要であり，それを実現させるため「我々の郷土を足場としてそのような公民的な性格をお互いに陶冶修養する場所」であった[14]。それは広範な内容と自由で多面的な教育方法によって「現場即応の身についた教育が為される」場であり，「共に楽しみ，共に喜び，共に歌い，共に踊り，共に遊び，共に談ずる」社交娯楽の場としながら，住民は公民館委員会や団体組織を通じて公民館活動に参加・運営することで「公民精神を練り，自治精神を養う」という。さらに「産業科学技術の基礎的な教養とその実習を学ぶ」ことでの地域の産業振興・生活の科学化を図るものと企図された。そしてこのような地域の産業振興，地域自治の中心的な担い手となる青年養成の場とすることを強調している。寺中が描いた公民館とは，地域において民主的で科学的な生活を送るための住民の力量形成と，地域の産業の振興，娯楽・文化の創造，住民自治による地域づくりの拠点となる総合的な施設であった。

　こうした公民館像は海外からの注目も後押しされてきた。1990年代以降，アジア地域を中心としながら，地域開発を進め，生活の質の向上を目的とし地域に根差した学習を通じた住民の力量形成を図るノンフォーマル教育の施設としてCLC（Community Learning Centre）が普及し，日本の公民館との研究的・実践的交流が図られてきた[15]。そうした動きは2009年にブラジル・ベレンで開催された第6回国際成人教育国際会議における採択文書「ベレン行動枠組み」において，参加・包摂・公正を実現させる成人教育に向け，「多目的型の地域学習スペースおよびセンター（Multi-purpose community learning spaces and centres）」の意義が確認されたことにもつながっている[16]。また国連による「持続可能な開発のための教育（ESD）の10年」を受け岡山市で開催された「ESD推進のための公民館―CLC国際会議」で

の成果文書「岡山コミットメント（約束）2014」では，公民館・CLCはこれまでに，Participation（参加），Learning（学習），Action（行動），Creation（創造），Empathy（共感）を促すことにより，互いに認め合い，無関心だったコミュニティが積極的に参画するように変容する「PLACE（場）」であり，持続可能な社会を築くためにはこうした公民館・CLCにおける地域に根差した学びこそ重要であることが示されている。

このように公民館像は，社会教育の再定義のもと独自に持っていた理念を捉え直すことで拡大され，さらにグローバルな視点に強く後押しされながらその理念をブラッシュアップし，地域社会の文脈における存在意義が見出されてきている。

(2) 現代の公民館運営を捉える視点

公民館は，首長部局への移管によるコミュニティセンター化や指定管理者制度の導入といった制度としての実践基盤の変動により，公設公営に見られる自治体主導の条件整備という理念の変質を迫るものとなってきた。一方，超少子高齢化，人口減少社会と言われる今日，そうした事態に住民自身が向かい合い地域社会におけるつながりの核となる場としては，公民館のみならずコミュニティセンターや市民センターと呼ばれる地域施設の運営・機能も注目されている。こうした実情のもとでは，従前の法制度論，職員の専門職論を乗り越え，前述の公民館像に照射されるような地域社会を鳥瞰しつつ歴史的・社会的・政治的に多様で動態的な地域社会の文脈に即して機能するシステムを捉えていくことが求められる[17]。すなわち地域運営のダイナミズムのなかで住民のつながりの核となる場を起点におきながら地域づくりの実践を通じた学習活動を検証するという視点である。

今日，地域運営といった観点からは，地域団体の再組織化の拠点となり，高齢者の見守り拠点，地域防災の拠点，学童保育の待機児童の受け入れ拠点などの役割が期待され，機能的整備が図られてきている。社会教育の観点で言えば，そうした地域課題・生活課題を効果的な事業や成果に結びつけ，地域住民の力量形成・地域づくりへと展開するプロセスの中に公民館をはじめとする地域施設を存在させ，かつそれらが民主的に運営されていくという循

環を生み出すことが求められる。そのためには，改めて単に物的・施設空間の管理運営や公共サービスの提供者としてだけではなく，住民と住民，地域団体，そして行政とがつながりながら施設を運営し，またそれを通じて住民自治・住民の主体形成を促す視点を内在化させる仕掛けが重要になってこよう。

4 ▶「つながり」を生み出す「場」の運営

　以下では，社会教育行政が指定管理者制度を導入した公民館の職員の力量形成を行い，その公民館と職員が起点となりながら地域社会のつながりを再構築し住民主体の地域運営を実現させようとする動向について青森県黒石市[18]を事例に検証していくことにしたい。黒石市では2007年から市内の小学校区に設置された10公民館のうち，9つの公民館において指定管理者制度が導入された。現在，2018年度からの小学校統廃合に伴う学区再編が進められていることから，小学校に頼らない形での公民館を基軸に据えた地域運営が喫緊の課題となり，住民が参画する地区協議会が主体となる地域づくりが図られてきている[19]。

(1) 黒石市の公民館における指定管理者制度の導入経緯

　黒石市は，1990年以降の行政改革下においても「生涯学習」「まちづくり」の基本には社会教育があるとして，社会教育体制を維持してきた。2002年には首長部局に学習情報の提供や学習相談，行政各部局からの出前講座の調整，男女共同参画の推進などを行う生涯学習機能を有した「生涯学習・まちづくり推進課」が新設された。このときは，教育委員会内にあった「生涯学習課」が首長部局に移管されることなく，それは1997年以前の名称であった「社会教育課」に戻して教育委員会に残し，社会教育事業や公民館の所管を継続した「教育・学習活動としての社会教育」を位置づけてきた。

　しかし公民館への指定管理者制度の導入は2005年から話題に上がり，県内の自治体に先駆けて進められた。直接の理由は市の財政難である。直営時代の公民館は，非常勤館長と，専任職員と臨時職員の2人体制がとられてお

り，この職員を引き上げることにより，導入前後で年間3,000万〜3,500万円の節減になったという。指定管理者となったのは，各地区の「地区協議会」（呼称は地区によって異なる）であり，委託期間は1期目が3年間，2期目以降は5年間となっており，現在3期目に入っている。

公民館への指定管理者制度の導入については「社会教育活動の低下」による地域自治の衰退が大きく懸念された[20]。それは黒石市では1970年代より小学校区をコミュニティエリアとした地域づくりが進められてきており，公民館もまたそのエリアを単位として設置が進められてきたためである。2003年に10館目となる公民館が設置され，完全に小学校区と公民館区の一致が図られた。そして市職員による地区公民館の学級・講座の企画立案・実施といった社会教育事業と，地区協議会による運動会や敬老会といったイベント的な事業をコミュニティ活動とする，という具合に「両輪の役割を果たしながら」コミュニティ形成をするという方式が作られてきた。この地区協議会とは，1961年に西部地区で小学校移転・新築の早期実現をきっかけとして設立したものを発端とする[21]。西部地区における地区協議会の運動は小学校用地が決定する1971年まで続くこととなったが，この間に地区内の環境衛生整備や交通事故・青少年補導の減少に向けた取り組みが始められ，これらの活動が布石となり1971年に「モデル・コミュニティ」[22]に指定されるとともに，1980年代初頭までに当時設置されていた市内の9つのすべての公民館に置かれた。

地区協議会の特徴は，主として次の2点ある。1点目に，地区協議会の構成団体が，戸主代表で組織された町内会の連合組織だけでなく，婦人会やPTA，社会福祉協議会，老人会，子ども会，シニアリーダー会，子ども会育成会，農業振興団体といった様々な年代・性別が主体となる地域団体を組み入れて組織化されていることで，地域振興や地域生活上の課題に関し総合的に取り組み関わることのできる組織となっている。2点目に，この地区協議会が行政内で常に社会教育関係団体として位置づけられてきたことである。前述したように，黒石市は2002年以降の行政機構改革により首長部局に「生涯学習・まちづくり」を冠した部局が設置されている。しかしそれでもなお，社会教育課が地区協議会を所管し，自治活動を支援することで，公

民館と両輪をなし学習活動を通じた地域運営を企図してきたことがうかがえる。社会教育課では，公民館と地区協議会との役割分担について「学級・講座，学習会的なことを公民館活動として実施し，運動会や芸能祭，祝賀会などといったイベント的なことを地区協議会活動として実施する，と分けて考えることで，人づくりの目的が果たせる」と考えていた。

(2) 公民館を核とした住民主体の地域運営

　地区協議会が公民館の指定管理者となり公民館運営を担うようになってから10年が経過しようとする今日，各地区において課題となっているのは，地区協議会やそれを構成する地域団体の活動の形骸化と，公民館運営が任されている公民館職員による職務内容である。本来であれば指定管理者である地区協議会が自治活動の一環として公民館運営を行う体力を持ち，公民館職員がその歯車を実質的に回すことで教育事業が展開され，それによって鍛えられた住民が公民館運営に携わりながら自治活動に参画していくというサイ

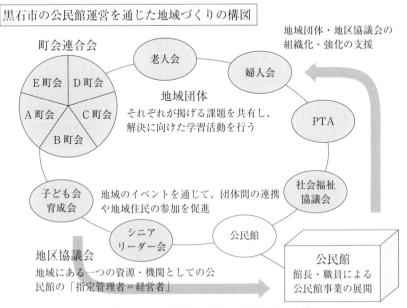

図1　黒石市の公民館運営を通じた地域づくりの構図

クルが期待される（図1参照）。しかし地区協議会や地域団体が，構成員の高齢化や固定化・後継者不足を課題とし公民館職員に個々の団体の事務処理や事業運営を任せるようになっており，結果的に組織性・自立性を弱めることにつながってきた。

　黒石市ではこの課題に対し，公民館の運営をただ地区協議会に任せてしまうのではなく，制度の運用を通じて地域の自立性を高めることを試みてきている。そのため，館長を非常勤として教育委員会が任命することで行政が市民の教育を保障・担保するとともに，職員の給料・賃金を指定管理者の裁量とせず，就業規定や給与規定を策定し昇給も設けるといった労働条件にも目を配り，公民館職員の力量形成に関わっていく仕組みをつくっている。

　たとえば公民館職員に対し制度導入以前に市職員が実施してきた学級・講座の企画・運営を行うことよりも，地区協議会や地域団体が公民館を拠点にしながら自立した地域運営を実現できるための組織化と人材育成を図ることへとシフトチェンジした。そのため，指定管理者となっている地区協議会の役員や公民館職員に県などが主催する研修への積極的な参加を呼び掛けるほか，地域支援として研修・意見交換・情報交換を手厚く実施している。また地域主導型の新しい発想による公民館づくりを推進することを目的とし，公民館職員研修として月に一度，自身の日常業務を見つめなおしながら地域のコーディネーターとしての力量形成を試みる機会を設けている。そこでは地域課題や公民館運営に困難を生じさせている要因を明確化させ，それを解決するための方法について，職員同士の議論や社会教育主事からの助言が行われている。議論の中では実際に地域団体や地区協議会の組織強化に向け，役員の年長者のあて職をやめ多年代化させたり，より多くの住民に役員を回すための声掛けの仕方や任期制　定年制をとるといった具体的な方策が共有されている。

　こうした研修を経ながら，公民館職員は地域団体の事業を公民館として支援しつつ，他の団体の事業や地域課題解決に向かう公民館事業と連携させることを意識的に行ってきている。そして公民館が地域団体の活動拠点としてのみならず，住民同士のつながりを育みながら主体的な地域参加を促し地域自治を実現させていく場として機能させてきている。

5 ▶ おわりに

　本章では，公民館の設置運営について制度や政策をめぐる研究や実践の動向を整理した上で，住民により運営されることで地域自治活動が促進され，かつ地域社会のつながりの核，学習活動や交流の起点となるといった，循環を生み出す様態を明らかにしてきた。そこでは，社会教育法のもと地域住民の学習活動の場の保障とし環境醸成として整備されてきた公民館から，歴史的・政治的・社会的背景を持つ地域社会において多様な設置形態のもとで運営されている公民館（および公民館的施設）へと敷衍的な視点が求められることを論じ，公民館運営を通じながら地域自治活動に向かう住民の学習と地域団体の組織強化を通じた地域づくりを動態的に捉えることを試みてきた。

　非常に先進的な事例としては，山形県川西町吉島地区の「NPO法人きらりよしじまネットワーク」が挙げられるであろう。それはコミュニティセンターへの指定管理者制度導入を機に，それを地域運営の拠点としながら地区住民の合意形成のもとで全戸加入型NPOといった経営体としての地域組織を再編したり住民ワークショップによる地域振興計画づくり，およびそれに基づいた産業振興や高齢者福祉などの地域課題に向かい合う事業と実施主体としての次世代の育成といった総合的で持続的な地域づくりへと展開してきている[23]。本章では黒石市の指定管理者制度が導入された公民館の運営をめぐる行政の体制と公民館職員の力量形成について注目してきた。いずれも物的営造物としてではなく地域社会の中で住民の学習活動や生活の営みに有機的に機能するシステムとしての公民館を実態化させるために，コミュニティセンター化や指定管理者による運営をも逆手に取り，住民の学びを通じた実践，社会教育活動を具現化させる行政の姿勢や住民・地域組織の体制づくりが必要であることが理解される。

　公民館は住民同士および地域団体がつながる場となり，またその場の運営は公民館職員の働きかけにより地域住民組織を通じた住民の地域活動への参画が促進されることによって具現化している。また，そうした住民の地域活動への参画は地域住民組織や地域団体の体制強化と地域自治活動の活性化へとつながり，自立的で持続的な地域運営が実現することが展望される。

注

1) 三井為友「社会教育の施設」長田新編『社会教育（教育学テキスト第14巻）』お茶の水書房，1961年，pp.157-158。
2) 碓井正久「戦後社会教育観の形成」碓井正久編『社会教育』東京大学出版会，1971年，pp.7-11。なお「官府的民衆教化」について碓井は，絶対主義的官僚が社会教育組織化の主導権をにぎり社会運動取締と表裏一体の強力な体制宣伝や民衆の啓培およびその結果を体制目的に占有するという意味での「教化」活動，と説明している。
3) 寺中作雄『社会教育法解説』国土社，1995年，p.24。
4) 小林文人編『公民館・図書館・博物館』亜紀書房，1977年，pp.9-16。
5) 上原直人「コミュニティ政策の展開と社会教育の再編成」日本社会教育学会編『教育法体系の改編と社会教育・生涯学習』pp.163-169。
6) 松下圭一『社会教育の終焉』筑摩書房，1986年。
7) 前掲5)，荻野亮吾「市民社会における社会教育の役割に関する考察」『東京大学大学院教育学研究科紀要』第47巻，2007年，pp.347-356。なお，荻野は松下の市民社会論を体系的に振り返りながら，コミュニティ政策や社会教育施設管理委託の動向はこの「終焉論」と同一視された部分が少なくなかったが，松下の市民社会論を体系的に振り返ると一連のコミュニティ政策とは直接的な関連は認められないことを述べている。
8) 個別の法律で管理主体が限定されている場合は2005年1月に全国主観部課長会議において出された文書により，社会教育施設にも指定管理者制度を適用し，株式会社など民間事業者にも全面的に管理を行わせることができることが明示された。
9) 一方，図書館は書籍の流通や販売に関する民間事業者への委託が多く，博物館は文化振興財団など自治体が2分の1以上出資を行う法人の占める割合が多い。
10) 南学「『公共施設等総合管理計画』の意義とこれからの公共施設」『月刊ガバナンス』ぎょうせい，2015年8月。
11) 日本社会教育学会編『自治体改革と社会教育ガバナンス』東洋館出版社，2009年。
12) 上野景三「自治体社会教育の再定義と社会教育ガバナンス」同上掲，p.24。
13) 手打明敏「多目的型地域センター施設としての自治公民館」『教育学論集』第10集，2014年，pp.83-100。
14) 戦後1946年の文部次官通牒「公民館の設置運営について」と，当時の文部省社会教育課であった寺中作雄によって記された解説書である『公民館の建設』は，総称して「寺中構想」と呼ばれる。
15) 大安喜一「コミュニティ学習センターの展開と公民館との連携」『日本公民館学会年報』第4号，pp.66-80，手打明敏「アジア・太平洋地域のコミュニティ学習センターの普及と公民館」『日本公民館学会年報』第6号，pp.61-73 ほか。

16) それは特に女性に対する学習プログラムへの参加の促進に向けた文脈ではあるが，作成には日本からの強い働きかけがあったという。荒井容子「成人教育運動の国際的連帯」『月刊社会教育』2010 年 5 月号，pp.63-69。谷和明「生涯学習の時代における公民館のグローバルな役割」『日本公民館学会年報第 7 号』2010 年，pp.51-54。
17) 拙稿「地域社会教育施設としての公民館実践分析への新たな研究視角」『日本公民館学会年報 第 5 号』2008 年。なおこうした視点は，松田の「補完性原理」の概念を用い社会教育ガバナンスを説明するものと重なる。松田武雄『コミュニティ・ガバナンスと社会教育の再定義』福村書店，2014 年，pp.132-145。
18) 青森県のほぼ中央，八甲田連邦の西麓に位置する人口約 34,000 人の地方都市。「米とりんごと温泉の田園観光都市」を掲げながら，農業と精密機器などの大手企業の工場立地による製造業を基幹産業としている。
19) 1 館のみ指定管理者制度が導入されなかったのは，公民館条例に定められているものの，施設自体は町会が所有であり公民館機能を果たすために間借りしている状態であったため，「公の施設」の管理を委託するという制度の性質が適合しなかったことによる。
20) 「黒石市が打ち出した地区公民館の民間委託　突然の方針に戸惑い」津軽新報，2006 年 12 月 15 日にも見ることができる。なお「協議会と公民館が両輪の役割を果たす」という表現は，黒石市の公民館体制を説明するフレーズとして行政側では繰り返し使われてきている。
21) 青森県黒石市西部地区連絡協議会『西部地区　30 年の歩み（西部地区連絡協議会創立 30 周年記念誌）』1992 年，pp.7-17。
22) 国民生活審議会調査部会報告「コミュニティ―近隣社会における人間性の回復―」を受けて環境の整備と住民の自主的なコミュニティ活動のモデルとなるべきコミュニティ形成の奨励されたもの。なおこの時，全国で 40 か所のモデル・コミュニティが指定されたが，地区設定にあたっては，大きく「農村型地域」と「都市型地域」に分けられ，その中でも細分化された 5 グループによって区分されている。この黒石市西部地区は，「都市型地域」のなかでも「地方都市」としてグルーピングされている。三浦哲司「日本のコミュニティ政策の萌芽」『同志社政策研究』9（2），2007 年。
23) 上原裕介，孫冬梅，王軒「きらりよしじまネットワークの挑戦―地域を担う主体を育む全戸加入 NPO―」『月刊社会教育』国土社，2010 年 9 月。石井山竜平「社会教育の評価とソーシャルキャピタル」松田武雄編著『社会教育・生涯学習の再編とソーシャルキャピタル』大学教育出版，2012 年，pp.59-61。

地域共同体における社会関係資本の形成

蜂屋　大八

1 ▶ はじめに

　山間部の農村では、一日に数本しかバスが走らない公共交通機関の不便を、近所の顔見知りが乗せてくれるといった人間関係が補っている実態が見られる。このような人々の関係性が残る中山間地域の集落の多くは「自然村」に由来する。自然村とは、社会学者の鈴木栄太郎が見出した地域概念であり、江戸期の幕藩体制下で機能していた行政的区域が、明治期に市町村制が敷かれた後も地域社会の基層部で機能し続けている実態を捉えたものである。このような地域では、旧来からの稲作や林業等の生産の協働性と、集落という生活の共同性とが一体的に存在してきたために、住民間の濃密な関係性や集落の自治の実態がいまだ見られる。人は多かれ少なかれ、居住する地域の社会との関わりなく存在することはできないものだが、これまで、このような農村の共同体意識は閉鎖的で前近代的なものであり、個の自立に対しては阻害要因となって重くのし掛かってきたことが批判的に捉えられてきた。

　しかし、今、この地域社会そのものが崩壊の危機にある。昭和30年代後半からの高度経済成長は、多くの人々が生活の基盤としてきた農村型地域共同体を崩壊させ、東京を中心とする大都市圏へと人口を吸い上げた。農村からの人口流出は、生活基盤としての地域共同体を弱体化し、同時に進んだ第一次産業の衰退は、生産のための共同体の必要性をも揺るがした。都市部に流入した人口の多くは世代間交流の少ない核家族であり、また、その多くが、居住する地域との関係性を結ぶ必要を伴わない団地や集合住宅に居住した結果、終身雇用に守られた会社人間は、居住する地域との関係性よりも会

社での関係性を重視するようになった。こうして農村部，大都市圏とも，人間が本来持つべき地域との関わりを失いながら発展してきた結果，今日の日本社会は，多くの都市部において行き過ぎた「個」の尊重が他者との関係を結べない「孤独」を生み出し，「無縁社会」と表現される社会状況を生み出すに至っている。一方，中山間地域には相互扶助の精神に支えられた人間関係は残るものの，産業構造の空洞化，少子・高齢化の進展等により，「地域の消滅」が現実味を帯びている。この状況を踏まえ，地域住民が自発的にエンパワーし，コミュニティを再生するためには，「地域住民が自らの地域コミュニティに対する誇りを持つ，又は誇りを維持することが重要である」との指摘もなされる[1]。地方創生が声高に叫ばれる中，中山間地域の地域共同体が持つ〈つながり〉に着目し，その機能を今日的に捉え直す作業は，極めて現代的課題と言えよう。このため本章では，〈つながり〉が残る中山間地域の共同体において，どのような活動の結果，住民間の関係性が生成されているかについて，自治公民館で行われる住民活動に着目して論じていく。

2 ▶ 郷土振興機関としての公民館

　1946年文部次官通牒・附属文書「公民館設置運営の要綱」では，公民館は「郷土振興の基礎を作る機関」と位置づけられている。文部省社会教育課長として公民館建設を指揮した寺中作雄は，「公民館での教育は教える者と教えられる者とが講壇の上と下に対立する様な形でなく，教える者も教えられる者も融合一体化して互に師となり弟となって導き合う相互教育の形が取られる」ものと示した。また，自治精神は，「生活環境を等しくし，目的を同じくする人々の間で団体を組織し，自ら団体の一員たることを自覚して，其の団体の運営に参加し，団体運営の実際に触れることによって，団員が互に結束して団体本来の目的遂行の為に努力する事」で養われるとし，そのような「町村民の魂，町村公民としての自治精神が宿り，郷土の振興，民主主義の実践の理想に燃えて溂剌として躍動」する姿を公民館の原型に求めた[2]。

　小林文人は，この初期公民館が「たんなる社会教育機関にとどまらず，いわば新日本建設のための全村運動として，万能的な役割を期待され」，「郷土

振興(村づくり,町づくり)のセンターとして総合的,万能的な役割を期待されていた」[3]と見ている。このような初期の公民館は,戦前から存在した農村公会堂構想,全村学校構想,市民館(隣保館)構想等の流れを汲み,農村部の青年達を中心に,「郷土振興の機関」として,自らの手で建設されたものである。しかし,社会教育法の制定により,市町村が設置する公立の公民館が法令上の位置づけを得て「条例公民館」として建設されると,このような公民館は,住民が自主的に建設した自治公民館として,「公民館類似施設」に区分されることとなった。

　昭和30年代の昭和の大合併では,新市の公立公民館を中央公民館,旧町村の公立公民館を新市における地区公民館と位置づけ,自治公民館を地区公民館の分館とする三層構造の公民館体制が多く見られるようになったが,職員配置は中央公民館,地区公民館のみで,自治公民館・分館の管理・運営は,地域住民の手に委ねられたままだった。このように,現在の公民館には,「戦後,民主化の社会的装置として制度構想された「公民館」と,第2次世界大戦前から公会堂や集会所の名称で我が国の地域社会に広く普及していた地域施設に起源をもつ「公民館類似施設」が混在したかたちで曖昧さをもって公民館制度が発足した」[4]との指摘がなされている。しかし,自治公民館が,住民の生活に密着する地区(集落)単位で構成されるがゆえに,地域性を失うことなく地域振興機能を継承してきたことは評価されるべきであろう。

3 ▶ 住民活動における社会関係資本形成

(1) 地域共同体の再評価

　東北の農山漁村地域における住民相互の支え合いの機能が,東日本大震災でにわかに注目を集めた。このような関係性は社会関係資本(ソーシャル・キャピタル)と呼ばれ,「人々の協調行動を活発にすることによって社会の効率性を高めることのできる,「信頼」「規範」「ネットワーク」といった社会組織の特徴」[5]という定義が一般的なものとなっている。さらに,「社会関係資本は人々の間の協力行動を促し,ひいては様々な社会的パフォーマンス

を高める要因として注目されている」[6]とされ，再評価が進みつつある。社会関係資本には，同質的で結束が強い統合（ボンディング）型と，異質な組織間を結びつける橋渡し（ブリッジング）型があり，「地縁に基づいた密接な近隣関係は特にボンディング型の社会関係資本を形成するのに適している」[7]とされる。生産基盤と生活基盤が一致し，同質性が高い中山間地域では，日常的に住民間の往来があり，普段から「お互い様」の関係が成り立っている。

(2) 社会教育学研究における評価

しかし，社会教育学研究においては，佐藤一子が「地域共同体（自治会・地縁団体など）は封建制を残存させる土壌であり，地域社会の民主的発展を阻害し，生活の合理化・近代化にたいして弊害となっている」[8]としたように，地域共同体に対する批判的捉え方が一般的であった。その中で，早期から社会関係資本の形成に着目してきた松田武雄は，コミュニティにおける「共通善」の共有の過程が「地域住民にとっての相互学習となり，社会教育における学習論の課題となる」とした上で，「「善き生」が成り立つ基底的な基盤は共同体であり，「共同体を作り上げている関係性の網の目」の中で，「他者と経験を共有」することを媒介にして，「善き生」の選択が，「各自の自由意思に委ねられ」てなされていく」とした[9]。また，沖縄の集落（字）公民館で行われる住民の活動に着目した小林文人も，「集落は伝統的な古い共同体的な側面をもちながら，同時に，人々の暮らしの協同や相互扶助の網の目であり，自治と地域文化（芸能）の基盤であり，子ども・青年をはじめとする年序活動の母体であり，現代的課題に立ち向かう新しい結合や連帯の組織として機能してきた」[10]と評価している。

4 ▶ 住民活動を通じた社会関係資本形成の実態

自治会は行政の末端機構としての特徴を持つが，山形県最上郡金山町の自治公民館での住民活動は，行政による上からの押しつけではなく，住民が集落との関わりにおいて自発的に活動を行っている一面が見られるため，以下

では，同町の自治公民館における住民活動に着目して，どのような過程を経て，地域共同体としての〈つながり〉が形成されているかについて論じる。

(1) 金山町の概要

　金山町は県北部の秋田県境に位置し，2015年3月末現在6,071人の小規模な町であり，高齢化率（65歳以上の人口比率）は31.6％と，過疎化・高齢化が進行している。総世帯数1,803戸のうち，農家が616戸，林家が382戸と，約半数の世帯が農林業に従事している。同町の集落は，藩政時代の「金山郷十六ヵ村」とその枝郷の村に由来するため，元々，地区内の住民間の結束は固い。「金山町自律のまちづくり基本条例」では，「まちづくりは町民一人ひとりが自ら考え，行動することによる『自治』が基本です」とし，また，「わたしたち町民にとってコミュニティとは，『地区』等町民一人ひとりが自ら豊かな暮らしをつくることを前提としたさまざまな生活形態を基礎に形成する多様なつながり，組織及び集団をいう。」と定義されている。さらに，「町は，コミュニティの自主性及び自立性を尊重」するとされ，地区（集落）を基盤に，住民一人一人の自治意識を啓発し，町はそれを支援するという関係性が成り立ってきたことがうかがわれる。金山町は31地区からなり，それぞれに自治公民館が設置されている。公立公民館は金山町中央公民館のみであり，自治公民館は「公民館類似施設」に分類される。町制施行以来合併を経験していない金山町には地区公民館がないが，中央公民館と自治公民館との連絡調整を図る「金山町区長・公民館長連絡協議会」と，小学校区ごとの「地域公民館」という仕組みが，各地区と金山町を結びつけている。

(2) 住民活動を通じた人間形成

　筆者が金山町で行った自治公民館における住民活動の実態調査，住民の地域意識に関する調査によると，多様な住民活動が町全体で行われており，そこでの活動の結果，地区や町への肯定的意識や永住意識が生み出されていることが分かった。以下では，そのような意識の生成過程を考察する。

　自治公民館で行われているさまざまな住民活動を，年齢・性別ごとに分け

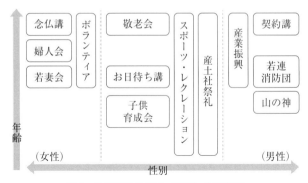

図1 住民活動の地区（集落）内分布図

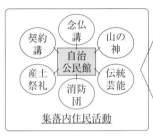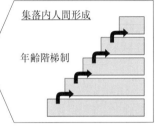

自治公民館を結節点として、集落を形成する活動、集落を運営する活動が日常的に行われている。

年齢・性別・立場が異なる活動を経て、集落に必要な資質を備えた人材が育成される。

図2 住民活動の人間形成機能

ると，図1のように示すことができる。これらの活動は，一見何の関係性もなく行われているように見えるが，図2のように，自治公民館という場所を共通にすることで相互に結びつき，集落内に多彩な人的交流を生み出している。そこでは，年齢層の幅を持ち，重なり合いながら，それぞれの活動が行われることによって，結果的に，年配者や熟練者から，集落内のしきたりの理解，住民間の関係性の構築，そこで生きていくためのさまざまなスキル，協働に対する価値観の伝達が行われている。これを年齢層で区切ってみると，図2のとおり，年齢階梯制ともいえる人間形成機能が形づくられていると見ることができる。個人の成長や家庭での立場に応じて所属する集団や参加する活動を移動し，年齢・性別・集落内での役割に即して地域への結びつ

きを理解してきたと考えられる。

　このような実態は，集落運営に必要な素養や技能の獲得の場面において，各々の構成員が，それぞれの関わりで，人間形成に関わっていることを示している。民俗学者の桜井徳太郎は，かつての地域共同体には伝統的地域社会教育があったことについて，「そのことごとくが，やがて共同体を担うのに必要な人間を養成するための成人教育であった」[11]と指摘しているが，これは，このような実態を指している。また，金山町では多くの地区に契約講が残っている。契約講は，山形県と宮城県を中心とした農村部に広く残っている風習であり，「村寄合」の名残である。このため，集落の自治においては「最高議決機関」であり，基本的に全会一致で集落の意思決定が行われる。このため，契約講に出席するには，集落内で「その家を代表する人物」と承認される必要がある。消防団，産土神の祭礼，子ども育成会等，日常的な住民活動の中での集落に対する貢献を経て人々からの人物評価が行われ，「一人前」と認められる。これを桜井は，「すべてのムラビトが総体となって次代の子どもや若者を訓練する責任を担う体裁をとる」実態があったと指摘している。住民が各人の成長に合わせて年齢階梯制に位置づけられる活動を移り歩くことで，その都度，地区（集落）の運営に必要なスキルを獲得し，共同体の一員としての感性や態度が養われ，集落に必要な人材としての資質が形成されてきたと考えられる。

(3) 社会関係資本形成の実態

　住民活動を通した学習は，その地区に住む上での「伝統」の継承であると見ることもできる。社会学者の鶴見和子は，内発的発展論で，地域を単位とする文化や伝統の中に，現代に活かしていくものを見出す伝統の再創造の重要性を説いた[12]。そして，「伝統」を世代から世代へわたって継承される「型」と定義し，家族，村落の構造などの「社会関係の型」，信仰，価値観などの「意識構造の型」，衣・食・住に必要なものを創る「技術の型」，音楽，舞踊，日常生活における行為などの「感情・感覚・情動の型」に分類している[13]。

　この四つの型を用いて活動を構造化すると，表1のように，それぞれ「型」

表1 伝統の継承の四つの型による分類

団体・活動	技術の型	意識構造の型	社会関係の型	感情・感覚・情動の型
契約講	茅葺き作業 火葬・土葬・野辺送り 公民館運営	相互扶助 共働 集落に生きる価値観	集落形成(集落規範) 結い・結い返し 家と家の関係性	しきたりの順守 共働の理解 集落の自治
山の神	勧進の作法 山の神まつりの実施	自然との関係性 山の神への信仰心	少年期における集落内での役割 コミュニケーション力	山の神を守る 同世代の団結
念仏講	念仏の唱え方 数珠回し 楽器奏法	相互扶助 集落に生きる価値観 仲間意識	集落内の不幸時における村念仏	婦人の交流・懇親 情報共有 息抜きの場
若連・消防団	山車制作・囃子演奏 集落内の体制づくり 消防操法・器具使用	集落に生きる価値観 活力創出(力仕事) 地域おこし	集落における青年層の役割 リーダーシップ	伝統を守る 集落の安全を守る 同世代の団結
伝統芸能	演舞・演奏・所作 題目の継承 器具の保管・保存	集落に生きる価値観 集落の歴史 次世代への継承	集落の求心力 世代間交流 協調性	伝統を守る 活動を通じた楽しみ 目的の共有
産土祭礼	祭礼の実施 神輿・行列・のぼり 神事	産土神への信仰心 集落に生きる価値観	集落内の団結 土地と自分との関係	産土社を守る 集落を挙げての祭り 交流の楽しみ

に対応した学習が行われていることが分かる。

このように，多様な住民活動を通じて，地域共同体で暮らしていくための能力の養成や技術の伝授が行われている。特に，人々の間の「信頼」，「互酬性の規範」，「ネットワーク」からなる社会関係資本の形成は，「意識構造の型」，「社会関係の型」，「感情・感覚・情動の型」との関係が深い。これらの「型」に関連した活動での身体レベルの触れ合い，住民相互の承認，年長者からの継承等を経て住民間の関係性が深まり，相互扶助や協働の念が生まれることによって社会関係資本が形成されていると考えられる。

5 ▶ 活動を通じた住民の意識変容の過程

図3は，住民活動を通じて社会関係資本が形成される過程において，住民個人の価値観や共同体意識がどのように変容したのかを，公益−私益，公共的活動−個人の活動の視点から整理したものである。「自分のため（私益）

第 I 部　地域に〈つながり〉を生み出す　61

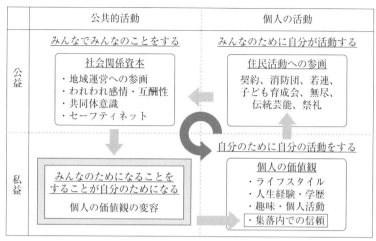

図3　住民活動を通じた意識変容

に自分の活動」をしている段階の第4象限では，個人の価値観を優先するライフスタイル，あるいは家族の活動のように，地域との結びつきを持たずに暮らしている。そうしていても，ゴルフや野球などの趣味や個人での活動がきっかけとなり，年齢階梯制の住民活動への参加を求められるなどして，何らかの住民活動への参加を経験する。住民活動が行われ，「みんなのため（公益）に自分が活動する」場である第1象限では，多くの住民が関わる住民活動を通じて，熟練者から若い世代への技能や意識の伝授が行われる。同時に，住民活動は，身体レベルでの触れ合いを通じて，活動に参画する住民が各々の手で，協働の意義，相互扶助の必要性等を伝達する場ともなっている。活動を通じて，多くの住民から地域共同体の一員としての価値観や素養が伝えられることで，若年者や活動未経験者は，徐々に地区の住民活動への肯定的意識を持つようになる。住民活動に参加し，周囲からも参加を期待されることで，地区内での活動の幅を広げていく。参加する住民活動の種類や活動経験が豊富になり，第2象限の「公益のために公共的活動」を行う意識を持つ住民の中で活動する機会が増えることによって，共同体を理解し，「みんなでみんなのことをする」ことを肯定的に捉える公益的な視点を持つようになる。このような意識を持つ住民が増えることで，地区内に社会関係

資本が形成される。公益的な視点を持って活動するうちに，周囲の住民から地区の一員として認められ，地区の運営に関する活動への参加や役割が与えられるようになる。こうして，地区運営などを担う公的な活動の経験を重ねることで，周囲の住民からの信頼が集まり，「みんなのためになることをする（公益）ことが自分のためになる」ことを経験的に知る。

　このように，若年者や活動未経験者が有する個人的な意識（第4象限）は，住民活動に参加する（第1象限）ことで地域共同体や住民活動への肯定的意識へと変容し，公益的な視点を持って地区内での活動を行う（第2象限）ようになる。その活動を通じて，地区住民の信頼を得て，地区（集落）の一員として役割を担うことが自分のためになることを知る（第3象限）過程を経て，さらに公益的なものへと意識が変容する。そして，その地域意識は再び第4象限に戻り，循環によって高められた地域意識を有しながら，また新たな視点・立場で，次の循環へと向かっていくのである。

6 ▶ おわりに

　牧野篤は，長野県飯田市の「分館活動」には，住民が日常的に動き回り，相互に触れ合い，認め合うという，身体的レベルの承認関係が形成される仕掛けが組み込まれているとし，その過程で，「住民が互いに慮ることで自治が営まれ，それそのものが生活であるという関係がつくられる」[14]とした。筆者が行った飯田市の現地調査においても，「分館活動」を通じて，互いを承認し合い，地区の誰もが「あの人」と信頼を寄せられる人格形成がなされており，地域の共同性を高め，地域運営を組織的に行うこと自体が教育的意義を持つことが明らかとなっている。保母武彦は，宮崎県綾町の全国屈指の特徴的なまちづくりを支えた自治公民館制度について，自治公民館制度が行政を執行するための手段としての位置づけではなく，町の活力を生み出す町づくりの目的そのものに関わっていると評価した[15]。筆者が行った現地調査では，綾町の地区内に網の目のように構築された講が，互いに気遣い合う信頼性を生み，地域への理解と自らがそこに住む意識を形成している状況があり，社会関係資本の形成を見ることができた。

中山間地域に共通に見られるこのような実態は，住民の固定性と関係する。中山間地域では住民が入れ替わる流動性が少なく，農林業と関連する年中行事や，自然・気候との関係が密接であり農作業も，毎年の繰り返しが多い。このため，四つの型で継承される事柄も多く，型が機能する場面も多い。また，地域を運営する人材は，地域の中での信頼を得なければならない。従って，それは年度ごとの持ち回りの当番が任にあたるような誰でも良いものではなく，代替性が低い。住民活動を通じて相互承認が行われた結果，衆目が一致する人材であり，住民一人一人が係わる地域活動の中で育て上げた人材である。地域に必要な人材を自分たちの活動の中で養成する仕組みは，その関係性の中で機能してきた。

　中山間地域のような自治意識が残る土地では，地域というものは，そこに住む意識を持って暮らす場所である。そこでは，自らが働きかけることが求められ，それを必要とし，受容する共同体がある。従って，中山間地域では，個人の成長と地域の運営の関係性を切り離して考えることはできない。個人の意識の先に，地域というものが絶えずついて回り，そこで成長することが，地域内での自己の承認へとつながる。中山間地域の集落で生きていくということは，目の前にある土地と無関係に存在するわけではない。その土地は，周囲の人々との協働を生み，自分や家族もその協働の一部となっている。生活そのものの対象に集落を置かざるを得ない以上，その関係性の中で生きるために学ぶことは，自己の存在と切り離すことはできない。共同体意識が強い中山間地域では，このように，人と人の〈つながり〉，人と地域の〈つながり〉の双方を理解し，これらを重んじる人を育てる機能が，共同体における日常的なの住民活動の中に埋め込まれているのである。

注

1) 総務省「コミュニティ研究会中間とりまとめ」, 2007 年, p.7。
2) 寺中作雄「公民館の建設」『社会教育法解説／公民館の建設』国土社, 1995 年, pp.193-197。
3) 小林文人「公民館施設の理論」『講座・現代社会教育Ⅵ　公民館・図書館・博物館』亜紀書房, 1977 年, pp.102-108。

4) 手打明敏「多目的型地域センターとしての自治公民館」『教育学論集』第10集, 2014年, p.87。
5) 内閣府「ソーシャル・キャピタル：豊かな人間関係と市民活動の好循環を求めて」, 2003年, p.15。
6) 辻中豊「地域ネットワークと行政媒介型市民社会組織」辻中豊・ロバート・ペッカネン・山本英弘『現代日本の自治会・町内会　第1回全国調査にみる自治力・ネットワーク・ガバナンス』木鐸社, 2009年, p.80。
7) 同上, p.80。
8) 佐藤一子「地域にねざす学びの共同性」『生涯学習と社会参加—おとなが学ことの意味』東京大学出版会, 2000年, p.158。
9) 松田武雄「社会教育におけるコミュニティ的価値の再検討—社会教育概念の再解釈を通して—」『教育学研究』第74巻第4号, 2007年, pp.99-100。
10) 小林文人「沖縄戦後史と社会教育実践—その独自性と活力—」小林文人・島袋正敏編『おきなわの社会教育—自治・文化・地域おこし』エイデル研究所, 2002年, p.12。
11) 桜井徳太郎「結集の原点」鶴見和子・市井三郎編『思想の冒険—社会と変化の新しいパラダイム—』筑摩書房, 1975年, p.202。
12) 鶴見和子「内発的発展論の系譜」鶴見和子・川田侃編『内発的発展論』東京大学出版会, 1993年, pp.57-59。
13) 鶴見和子「最終講義　内発的発展の三つの事例」『鶴見和子曼荼羅Ⅸ環の巻—内発的発展論によるパラダイム転換』藤原書店, 1999年, pp.32-33。
14) 牧野篤「社会の構成プロセスとしての個人と「学び」」文部科学省生涯学習局編集協力『生涯学習政策研究　生涯学習をとらえなおす　ソーシャル・キャピタルの視点から』悠光堂, 2012年, p.35。
15) 保母武彦『内発的発展論と日本の農山村』岩波書店, 1996年, p.183。

学校と地域の協働関係づくりの方策
─教育政策を具現化する学び合いの実践─

丹間　康仁

1▶はじめに─氾濫する「協働」への視点─

　近年，行政や学校に関わる場面で「協働」という語を目にすることが多くなった。自治体政策でも教育政策でも，「協働」が重要なキーワードになっている。たとえば，市区町村の総合計画や自治基本条例で，「協働のまちづくり」，「住民と行政の協働」といった理念が掲げられている。市役所や役場の行政機構には，市民協働課や協働政策課と称する部署が誕生している。また，教育政策では，「学校・家庭・地域の連携・協働」が求められている。2015年4月，中央教育審議会は「新しい時代の教育や地方創生の実現に向けた学校と地域の連携・協働の在り方について」の諮問を行い，生涯学習分科会の下に「学校地域協働部会」を設置した。審議を経た同年12月の答申では，これまでの地域から学校への片方向での支援を，これからは双方向での連携・協働に転換していく道筋が提起された。

　それでは，協働とはどのような関係をいうのか。ひと口に"きょうどう"といっても，漢字はいくつかある。共同体や協同組合の例があるとおり，共同と協同は比較的古くから広く使われてきた語である。これらに対して，協働が盛んに用いられるようになったのは1990年代に入ってからである。とはいえ，日常会話のなかで"きょうどう"と聞いて，真っ先に"協働"の文字を思い浮かべる人は，今でもさほど多くないのではないだろうか。

　自治体政策や教育政策のなかで，"きょうどう"に"協働"という漢字が当てられるとき，そこにどのような意味を読み取ればよいのか。なぜ，共同や協同ではなく協働なのか。あえて"同"という文字が使われていない意図を本章で把握していきたい。一方で協働は，期待を抱かせる概念に映るが，

実は危うさをはらんだ概念ではないのか。当たり障りのよい真新しい言葉は，時代や状況によってアメーバのように形を変えるプラスチックワードの一つかもしれない。だとすれば，協働という言葉がどのような歴史を辿って今日の日本で盛んに使われるようになったのかを理解しておく必要がある。

そこで本章では，協働という理論の基本的な考え方を整理しながら，自治体政策や教育政策のなかで「協働」という考え方が台頭してきた流れをみていく。住民と行政，地域と学校という異なる立場にある者どうしの関係を捉えながら，ともすれば形式的なスローガンに陥りかねない「協働」を，どのような視点で中身のあるものにしていけるかについて方策を提起する。さらに，協働という考え方が抱える課題について把握する。実質的な協働関係づくりに向けて，どのような実践に可能性が拓けるのかをみていこう。

2 ▶ 自治体政策における「協働」の浸透

(1) 組織間関係としての住民と行政の協働論

これまで協働という考え方は，大きく2つの流れで議論されてきた。組織内関係を示す理論と組織間関係を示す理論である。

前者は，経営学の系譜である。2人以上の成員からなる目的を持った組織を，経営学では協働体系と呼ぶ。組織論における協働の原語は cooperation

表1 各英単語での協働の説明

パートナーシップ (Partnership)	共有の目標と合意の形成のために，各主体（公と民）が行う協力活動（資金・労働・技術の提供）であり，かつ，主体間の対等な関係という意味での協同作業という意味
コラボレーション (Collaboration)	自立した複数の主体が具体的な目標達成のために行う，非制度的，限定的な協力関係，協働作業という意味
コプロダクション (Coproduction)	生産的，非生産的にかかわらず，都市サービスに影響を与える市民活動で，各主体（地域住民と自治体職員）の協力のもとに，地域住民の福祉のために財やサービスを提供していく活動体系の意味

（出典）松野弘『地域社会形成の思想と論理―参加・協働・自治―』ミネルヴァ書房，2004年，pp.331-332

である。学校教育の分野であれば，職員組織での教職員間の協働や子どもどうしの集団での「協働学習（cooperative learning）」が好例である。

これに対して後者は，政治学や行政学の議論を踏まえた考え方である。住民と行政や地域と学校など，複数の異なる組織間において用いられる。その考え方は関係性の捉えどころによって多様化している。具体的には，表1のとおり，partnership, collaboration, coproduction に分かれている。本章では，政策における協働を議論していくうえで，組織間関係としての協働論についてみていこう。

(2) 住民参加を発展させた協働論の課題

今日，協働がよく用いられている場面として，まず挙げられるのが自治体政策である。協働は，これまで政策のなかで使われていた「住民参加」や「市民参画」を深めた考え方として台頭した。協働論は，これまでの参加論を受け継ぎながら，今日の自治体政策上で広がりをみせてきた。

参加論といえば，1969年にアメリカの政治学者のアーンスタインが，住民参加の動員性を問題にして，「参加の梯子」を8段階で描いた。それは，図1のような段階説であった。梯子の6段目以上が実質的な参加である。協働は，「参加の梯子」の6段目から上をさらに具体化して高次化した考え方であるといえるだろう。しかし，いくら行政側が美辞麗句で「住民参加」と掲げてみたところで，実際には，梯子の上り始めにあるような，行政による誘導，住民が「参加した」というアリバイづくり，住民の不満のガス抜きに留まっている状況もあるかもしれない。アーンスタインの指摘を踏まえれば，行政側が一方的に求めている限りの「協働」に留まっている限り，参加論と同じように動員性は拭いきれない。参加から協働へ言葉を置き換えただけでは，「参加の梯子」を上り切ったことにはならないのである。そこで，そもそも何のための協働なのか，住民と行政の関係性が具体的にどう変わることが協働なのかを明確にしておく必要がある。

これについて行政学者の荒木昭次郎は，1990年に刊行された著書『参加と協働—新しい市民＝行政関係の創造—』[1]のなかで，協働を次のように定義している。すなわち，「市民と行政が対等の立場に立ち，共通の課題に互

68 第 5 章　学校と地域の協働関係づくりの方策

図 1　参加の梯子

（出典）Sherry R.Arnstein. A Ladder of Citizen Participation, Journal of the American Planning Association, Vol.35, No.4, July 1969, pp.216-224.

いが協力し合って取り組む行為システムである」と。荒木は，アメリカの政治学者であるオストロムのCoproduction理論を日本へ導入する際，日本語の造語として"協働"を用いた。ともに（co-）生み出す（product）という考え方には，公共サービスの生産が意図されている。荒木は，住民のニーズを的確に反映させて行政施策を進めていくためには，公共領域を行政が単独で担っていくよりも，住民とともに創出していく仕組みがより有効であることを論じた。

　しかし，自治体の現場における協働への理解は，当初から一筋縄には進まなかった。たとえば，1990年代前半の時点では，総合計画のなかで協働を説明する際に「協力して働くこと」と定義していた自治体があった。だが，これでは誤解を招きかねない。協働は，住民が行政に協力して職員と同じように汗水流して働くなどという考え方ではない。このような説明では，自治体の政策づくりの過程を住民に開いてきた参加論から後退してしまい，むし

ろ動員性をより強めてしまう。どうにも国語辞書を引くだけでは，新たな政策概念を正しく説明することはできないのである。

(3) 協働に規定された住民と行政の対等性

1990年代後半になると，協働に関する研究が大いに進められた。協働をタイトルに掲げた概説書の刊行も相次いだ。そのなかで，各地の自治体に協働という概念の理解が浸透していった。2000年を過ぎてからの自治体での使用例をみると，「市民と対等な立場で協働する，市民とのパートナーシップによる市政の推進」という理念をはじめ，協働とは「市民と行政とが対等の立場で，それぞれ役割と責任を果たしながら，同じ目的のために協力し合うこと」という定義が主流になってくる。協働という考え方が浸透するなかで，住民と行政の対等な関係が強調されるようになってきたのである。しかし，そもそも立場の異なる住民と行政は，対等な関係になりうるのだろうか。ある施策をめぐって，住民の持っている情報と行政の有している情報には，質も量も差があって当然のはずである。それに，住民と行政が共通の目的を持つといっても，それぞれの真意は異なるかもしれない。こうしたことから，協働という考え方の抱える課題として，主体間を対等とする規定について議論が起きた。以下ではこの議論を深めていこう。

3 ▶ 相互学習の過程を組み込んだ協働関係づくり

(1) 協働における対等性をめぐる賛否

協働の定義について，住民と行政が対等であるとする規定をどのように理解すればよいのか。行政学での議論をみてみると，協働をめぐって次のような賛否がある。行政学者の新藤宗幸は，協働における対等性について批判的な見解を示している[2]。それは，協働によって「雇い主と雇われ人の主客逆転関係が継続していってしまう」という批判である。そもそも行政は，住民が力と財をあわせて作った組織である。その組織に住民は公共領域の事務を託している。これを行政信託論という。この原理を踏まえれば，雇い主であったはずの住民とその雇われ人である行政が対等に協働するなどという事

態は，逆転現象だというのである。

　これを受けて行政学者の日高昭夫は，対等という概念に込められた意味を次のように読み解いた[3]。すなわち，住民と行政の協働における対等性を，「『お上』行政の解体と『新しい市民社会』の形成という二重の課題を含む，独特のメッセージ」として受け取ったのである。かつての行政像に，公共サービスを住民に与える側として，時に"お上"と揶揄される高権的な側面があったとすれば，また他方で，公共領域の事務を行政に任せきりにしてきた受益者的な住民像があったことも現実であろう。日高は，そうした住民と行政の従来的な関係性から脱却を図っていくために組み込まれた概念こそが，対等性であると解釈している。

　こうした議論のなかにあって，行政学者の森啓は，「『自己革新した行政と市民による協力』を意味する言葉として『協働』という言葉を造語したのです」と主張している[4]。森は，協働に向けて住民と行政の双方が自己革新する必要性を指摘している。つまり，住民と行政がそれぞれ変容することで，既存の対等とはいいがたい関係性を乗り越えようとする過程を展望していこうという立場である。

　このような対等性をめぐる議論を踏まえたうえで，住民と行政の協働を実践の次元で内実化していくためには，森が主張するように，対等性の概念を軸とした自己革新の過程を描いていくことが重要である。この自己革新とは，教育学の概念でいえば，学習にほかならない。つまり，協働の体制を実質的なものにしていくためには，学習に支えられた関係づくりの過程を前提として組み込んでいくことが必要になってくる。その際，教育学のなかでも，住民や自治体職員，教職員や保護者など，多様な立場にある大人の学習や学び合いを捉えてきた研究領域が社会教育学である。そこで次に，社会教育学の視点から，協働がどのように議論されているかをみていきたい。

(2)　**社会教育学の視点から捉えた協働**

　協働は，参加を深化させて，自治を目指して多様な主体が関係性を調整していく過程である。その過程には，いくつかのステップがある。住民と行政の関係性は，networkingからcoordinatingへ，さらにcooperating（協同）

から collaborating（協働）へ段階的に進展する。社会教育学者の佐藤一子は，「『協働』という現代的なシステムは，『協同』という実践的な営みによってささえられることになる」としている[5]。その際，「『協働』が『協同』を疎外することにならないように，合意形成の手続きと民主的な理念形成をめぐる試行錯誤がもとめられる」と述べている。つまり，協働は，もともと展開されてきた協同の実践を引き上げたり広げたりしようとする考え方であるといえる。協同あっての協働だということが理解されるだろう。

さらに，社会教育学者の鈴木敏正は，「協同・協働・共同の響同関係」の形成が重要であると論じている[6]。協同を association，協働を collaboration，共同を community，響同を symphony としたうえで，「キョウドウ」の区別だけでなく，それら4つが関連しながら有機的に進展していく過程を構想している。「互いに差異をもちながらも平等な諸人格が，共通する要求や目的をもって力をあわせるために組織化する活動」としての協同を踏まえて，「自分たちの目的を実現するために，互いに役割分担をしながら力をあわせて，必要なものを新たに創造していく実際的な活動」としての協働を成り立たせる。さらに，これらの協同と協働が共有資産としてのコミュニティ＝共同を生み出すという理論である。そのうえで響同は，協同，協働，共同が相互に関連しながら調和的に発展するための働きかけであるという。これらの活動を進めるためには，学習活動の展開とそのネットワークが不可欠であるという視点を提起している。このように，教育学の視点に基づいて協働を考えるとき，学習の過程を組み込んだ関係づくりを構想することが重要であるといえるだろう。

(3) **相互学習の過程を組み込んだ協働論**

協働における学習の視点については，社会教育学者の高橋満が，市民と行政と大学による子育てへの取り組みの事例を踏まえて，次のような指摘をしている[7]。すなわち，「共通の目標に向かって情報・資源などを交換・連携しつつ子育ての活動をするなかで他の諸組織の力を高めるのがコラボレーション，つまり協働（collaboration）の段階である」と。ここでは「他の諸組織の力を高める」という視点が提起されていることに注目したい。つま

り，協働の過程を通して，自らの組織だけでなく，協働の相手側の組織にも学習の契機や機会をもたらすという視点である。それはまさに，社会教育の実践で重視されている相互学習の過程である。住民と行政の自己革新と相互革新が起きることで，協働関係づくりは進んでいくといえるだろう。

以上をまとめると，協働においては，対等性を前提的にあるものとして捉えないことが重要であるといえる。そもそも立場の異なる主体間は，対等ではない関係性に置かれており，むしろその状態が協働に向けたスタートである。したがって，協働を内実化するためには，その非対等ともいうべき関係性を，乗り越えようとしたり組み替えようとしたりしていく過程の構想が必要である。政策として提起される「協働」を中身のあるものにしていくためには，学習という主体の変容に焦点を当てて，関係づくりに自己革新と相互革新の過程を組み込んでいく必要がある。政治学や行政学での協働の議論を教育学の視点から発展させて，自組織の学習と変容の過程を構想し，さらには相手組織のエンパワーメントまでをも視野に入れたダイナミックな協働論を構想していく必要があるのである。

4 ▶ 教育政策における「協働」の展開
―協働体制としてのコミュニティ・スクール―

(1) コミュニティ・スクールの広がり

本章前半の1～3では，異なる立場にある組織間の協働論について，行政学の議論を整理したうえで，社会教育学の視点から学び合いに基づく関係づくりの必要性を提起した。後半の4～6では，今日，教育政策においても「協働」が盛んに用いられている状況をみていく。その代表的な施策として推進されているのが，コミュニティ・スクールである。協働の体制づくりに向けた地域住民と教職員の学び合いの実践についてみていきたい。

コミュニティ・スクールとは，学校運営協議会を設置している学校のことである。学校運営協議会は，地域住民や児童・生徒・幼児の保護者など，学校をとりまく多様な立場の主体の参加に基づいて構成される合議制の組織である。2004年に改正された「地方教育行政の組織及び運営に関する法律」

において，その仕組みが法制化された。学校運営について委員が意見を出し合い，校長が作成した学校運営の基本方針について承認する。そのほか，教職員の任用についての意見を教育委員会に述べることもできる。地域とともにある学校づくりを目指して，関係主体が責任と権限を持って学校運営に参加していくための仕組みである。

2006年12月に改正された教育基本法では，第13条に学校・家庭・地域の連携が規定された。「学校，家庭及び地域住民その他の関係者は，教育におけるそれぞれの役割と責任を自覚するとともに，相互の連携及び協力に努めるものとする」という規定である。こうした動きのなかで，コミュニティ・スクールを導入する自治体が各地に広がりをみせている。

(2) コミュニティ・スクールの意義と課題

全国では，2016年4月1日時点で2,806の学校がコミュニティ・スクールとして指定を受けている。小・中学校はもちろん，幼稚園や高等学校，特別支援学校の指定もみられる。指定校数は次第に増加している。少子化が進むなかで，地域の子どもに対する大人たちの思いをバラバラな状態にしておくことなく，また無関心なままにもせず，子どもたちの成長を住民，保護者，教職員などが協働の関係で支えていく体制として，コミュニティ・スクールの仕組みを導入する教育委員会が増えてきている。

このような動きを本章の視点からみれば，学校・家庭・地域の協働が，どのような目的で体系化されているかが重要である。コミュニティ・スクールは，家庭の教育を地域に肩代わりさせることではない。ましてや，学校の人手不足を住民の協力によって解消するものでもない。仮にそのような目的のみでコミュニティ・スクールの導入が進められれば，それは「協働」という名を掲げた動員体制に陥りかねない。コミュニティ・スクールは，学校づくりに住民や保護者の意見を反映することのみに留まらず，その過程に参加した大人どうしの学び合いや地域づくりへの発展を視野に展開していくことが重要である。それは，コミュニティ・スクールを核にしたコミュニティづくりである[8]。そのような学校と地域の関係づくりは，次のような4段階で構想されている[9]。すなわち，「情報共有の関係づくり（networking）」，「依

頼・協力の関係づくり（coordinating）」,「地域とともにある学校づくり（cooperating）」,「学校とともにある地域づくり（collaborating）」である。それぞれの段階で求められるのが大人どうしの学び合いである。そうした学び合いの場づくりを，コミュニティ・スクールの導入に向けて積極的に取り組んだ実践として，以下では，北海道浦幌町で行われたワークショップの事例をみていこう。

5 コミュニティ・スクールの導入に向けた学び合い
―北海道浦幌町でのワークショップの実践―

(1) ワークショップの企画

　協働体制の基盤となる学び合いを進めるうえで，ワークショップは有効な手法の一つである。雑誌『社会教育』1994年10月号（全日本社会教育連合会）の特集では，ワークショップを「講師が一方的に教育を行う講習会とは違って，参加者も又自分の知識や体験をもって積極的に関わることが期待される集会である」と説明している。ワークショップでは，先生と呼ばれるような教授者を決めず，参加者が他人任せの「お客さん」ではいられない場をつくる。その実際の事例として，以下では北海道浦幌町で行われたワークショップをみていく。

　北海道浦幌町は，十勝平野の東部に位置する面積729.64 km²の広大な町である。町域は南北に細長い。太平洋に面する南部では，サケを中心とした漁業が盛んである。根室本線の浦幌駅を中心とした市街地から町の北部に広がる丘陵地では，酪農をはじめ，ビートや豆類などの農業が営まれている。

　町内にあった道立北海道浦幌高校は2010年に廃止された。しかし，高校が廃止された後も，地域の小・中学生がふるさとで生きることを学ぶ教育課程として「うらほろスタイル」に取り組んでいる。そのほか，給食の無償化や紙おむつの購入助成を実施して，子育てのしやすい町を目指している。教育に力を入れた取り組みが功を奏して，2014年2月には十勝管内の市町村で出生率1位（合計特殊出生率1.69）を記録した。この出生率は，北海道の179市町村のうち上位10番目である。近年では，東京や大阪など都会の高

校生が修学旅行で十勝を訪れて、いのちと食、地域や家族のつながりに学ぶ「農村ホームステイ」が取り組まれている。地域に閉じず、都市とのつながりや若者の循環を視野に入れた教育の実践が注目される町である。

このように、子どもを軸とした教育と地域づくりに取り組む浦幌町が、2015年4月、コミュニティ・スクールの仕組みを導入した。その際、コミュニティ・スクールの仕組みを作ることに留まらず、その仕組みを活かしていく人々の意識の醸成を図るプログラムが企画された。それは、教職員、保護者、住民、学校運営協議会委員での学び合いを意識した協働体制づくりであった。この一連のプロセスのうち、本節では、コミュニティ・スクールを導入する前年度の冬に行われたワークショップの実践を取り上げる。

(2) ワークショップでの学び合い

2015年1月29日、コミュニティ・スクールの導入を3か月後に控えた浦幌町では、中央公民館を会場にして「コミスク研修会」が開催された。この会に参加したのは、浦幌町立小・中学校の教職員、PTA会員、コミュニティ・スクール推進委員のあわせて約60名であった。「研修会」と題しながらも、講師の話を一方的に聴く形式ではなく、参加型のワークショップとして企画された。

ワークショップでは、図2のように、立場の入り混じった小グループに分かれて、付箋紙や模造紙を用いた討議が交わされた。ファシリテーターによる進行のもと、「地域と学校が協働することによってどんな可能性が生まれるか」、「浦幌町でどんな子どもを育てていきたいか」について、異

図2　教職員や地域住民の入り混じるワークショップ
(出典)　株式会社ノースプロダクション提供
　　　浦幌町中央公民館にて2015年1月29日撮影

なる立場の参加者が互いの価値観に触れるワークを進めた。続いて，先のワークで浮かび上がったビジョンの実現に向けて，「学校と地域で一緒に取り組みたいこと」について具体的なアイディアを出し合っていくという次なるワークに着手した。

　ファシリテーターは，各グループでの討議や全体での発表を促しつつ，参加者の提案する新たな取り組みが，相手側にとって単に負担の増加として受け止められないよう，現状で互いに困っていることを聞き出すように促していた。参加者各自での作業，グループでの討議，全体での発表と整理を進めて，最終的には，会場に貼られた模造紙に，今回の討議の記録として図3に示すようなファシリテーション・グラフィックを作成した。

　このようなプロセスを通して，相手の立場や考え方を理解したり，自らの既存の価値観が変容したりするところに学習が生まれる。協働関係づくりに向けては，学習を通した互いの変容によって，それぞれの目的や課題意識の重なり合いに気づき共有可能な部分を見出していくことが重要である。浦幌

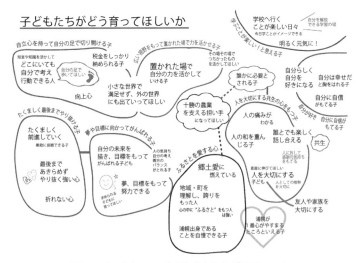

図3　ワークショップで作成されたグラフィック

（出典）株式会社ノースプロダクション作成・みらいず works 協力「地域みんなで子供たちの未来を考えるワークショップのすすめ―地域とともにある学校づくりに向けて―」p.12

町のワークショップでは,「この地域でこんな子どもを育てていきたい」というビジョンに,異なる立場であっても共有していくことのできる部分を見出そうとしていた。

今回のワークショップはわずか 2 時間ほどの企画であったが,作成されたグラフィックを,今後,学校と地域で具体的な取り組みを進めてく際に活用することになった。ワークショップに同席していた町の教育長は,「今回の発表を受け止めて,今後のコミュニティ・スクール導入後の具体的なアクションプランの礎にしていきたい」と述べた。今回のワークショップは一度きりで終わらず,その後の協働関係づくりに向かう第一歩になったといえるだろう。

6 ▶ おわりに─学び合いに基づく協働関係の構築─

前節でみたとおり,学校と地域の協働に向けては,単にコミュニティ・スクールの仕組みを導入すればよいのではなく,その前段階において,協働に向けた学び合いの関係づくりを進めていくことが重要である。それには,ワークショップなどの場を設定し,そこへの参加をつくりだす役割を誰かが担わなければならない。本章では十分に触れられなかったが,学校と地域のあいだに協働関係を築いていくうえでは,ワークショップの学び合いを促すファシリテーターとともに,そうした場自体を計画して仕掛けていく専門職としてコーディネーターを配置することが不可欠になるであろう。多様な立場にある人々の関係性を俯瞰的に捉えて,そのあいだにつながりを結んでいくコーディネーターの存在は,協働関係づくりの要であるといえる。

北海道浦幌町では,本章で紹介したワークショップをきっかけに,その後も学び合いのワークが繰り返されて,子どもを軸にした大人の関係づくりが進んでいる。教職員,保護者,住民,学校運営協議会委員がそれぞれの思いや考えを掘り下げる学習を積み重ねていくなかで,各々の思いや考えを共有しうる部分に,地域で育てていきたい子どもの姿という軸が立つことを確かめ合うに至っている。

今日,政策用語に「協働」という言葉が溢れるなかで,その理念を実質的

なものにしていくには，協働の主体どうしが対等であるという規定を自明視せず，むしろ非対等な関係性だからこそ，互いの存在のあいだに学び合いが生み出されるという，相互依存のダイナミズムを確認する必要がある[10]。学校と地域の「協働」を単なるスローガンで終わらせず，中身のあるものにしていくためには，その関係性のなかに学習の過程を組み込むことが不可欠の前提であるといえるだろう。

　異なる立場のあいだに協働の関係を結ぼうとするとき，どうしても互いの目的や課題意識を同一化させようとする発想に陥りがちである。しかし，そもそも異なる立場にある者どうしならば，それぞれの多様な思いや考えを認め合うことが関係づくりの第一歩になるはずである。その歩みを踏み出したうえで，互いの目的や課題意識を掘り下げていき，手を取り合って共有していくことのできる軸を見つける学習があってこそ，協働の実質化は進みはじめる。

〔付記〕
　本章後半4～6は，平成26年度文部科学省「学校の総合マネジメント力の強化に関する調査研究事業」（研究課題：学校と地域の協働体制確立に向けたプログラム開発，実施機関：株式会社ノースプロダクション）に筆者が研究委員として参画したなかで得られた知見に基づくものである。

注・参考文献

1) 荒木昭次郎『参加と協働―新しい市民＝行政関係の創造―』ぎょうせい，1990年。
2) 新藤宗幸「『協働』論を越えて～政府形成の原点から」『地方自治職員研修』第36巻第3号，2003年，pp.9-10。
3) 日高昭夫「協働型行政をめぐる課題―『対等性』の検討を中心に―」『地方自治職員研修』第39巻第11号，2006年，pp.22-24。
4) 森啓『「協働」の思想と体制』公人の友社，2003年。
5) 佐藤一子『現代社会教育学―生涯学習社会への道程』東洋館出版社，2006年。
6) 鈴木敏正『生涯学習の教育学―学習ネットワーキングから―』北樹出版，2004年。
7) 高橋満『社会教育の現代的実践―学びをつくるコラボレーション―』創風社，2003年。
8) 佐藤晴雄「コミュニティ・スクールが創る新たな『つながり』の可能性―全国調査の

結果を踏まえて―」日本学習社会学会編『学習社会研究』第 2 号，2013 年，pp.62-71。
9) 志々田まなみ・佐々木保孝・天野かおり「学校とともにある地域づくりを促す『協働』に関する考察」『日本生涯教育学会年報』第 36 号，2015 年，pp.183-199。
10) 丹間康仁『学習と協働―学校統廃合をめぐる住民・行政関係の過程―』東洋館出版社，2015 年。

若者にとってのたまり場・居場所

安藤　耕己

1 ▶ はじめに

　本章では，現在の若者[1]がどのように地域と〈つながり〉を結んでいくかを，主に社会教育領域における青年期教育をふりかえりつつ，その前提を確認し，さらには支援の主体とそのあり方について，注目すべき事例に言及しつつ考察する。なお本章では，筆者の研究課題および勤務地の状況に鑑み，主に地方（すなわち，地方都市および農村地帯，中山間地域等）に即した内容となることをまず冒頭にお断りしておきたい。

2 ▶ 戦後青年期教育における「たまり場」の重視とその消長

　ふりかえるに，戦後社会教育の領域における青年期教育にかかる実践においては，〈つながり〉が重視されてきた。それは「たまり場」という語にポジティブな意味を付与することに現れていたが，そこには以下のような視点が存在した[2]。

　まず，① 日常に存在する「たまり場」を人と人との密接な関係性としてとらえ，肯定的な価値を与えるもの。次に，② ①の「たまり場」を生成しようとするもの。最後に，③ 施設空間に①の「たまり場」を生成しようとするもの，の3点である。すなわち，「たまり場」は，働く若者における密接な関係性そのもの，あるいはそれら関係性を伴う施設空間に対して用いられた語であった。①は1950年代終わりからの傾向であり，②③は1970年代以降に顕著になる。さらに言えば1970年代以降，「たまり場＝施設空間」と

いう意味合いが強まっていき，各地で青年会館等の建設や整備も進展した。

　この「たまり場」への着目は，高度経済成長期を経た1970年代半ば以降の経済的安定後，若者の直面した課題が対人関係と個人そのもののありように向けられたとき，キーワードとして浮かび上がってきたとみることができよう。ただし，1980年代以降，社会教育に関わる媒体においても「たまり場」に関する動向はうかがわれなくなり，青年会館や公民館青年室の利用の停滞などが顕在化してくる。これは青年団や勤労青年サークルの衰退と軌を一にしている。さらには1970年代初頭からの「勤労青年教育」から在学青少年教育へという施策上の転換も大きく関わる。

3 ▶「たまり場」から「居場所」へ

(1) 「居場所」施設の登場

　こうして若者の「たまり場」が社会教育に関わる議論からも退場していった一方，それに代わり，1990年代末より主に在学青少年を利用対象とした施設空間として，「居場所」という語を冠した施設や利用形態を限定しないフリースペースの設置が，民間・行政双方あるいは両者の協働において進んでいく[3]。これらの施設空間においては，主として不登校の児童・生徒が通うフリースクールや学習塾，学校外に開設され，主に放課後と土日の利用が前提とされた施設の設置や整備が特徴的である。こうして次第に「居場所」は中高生，年長少年を経て若者に対しても用いられるようになり，現在では若者の自立支援の文脈においても用いられる[4]。結局のところ，就業年代においては，ひとまず職を得ている若者（やはり「勤労青年」）が地方における社会教育の対象である。何らかの困難を抱え，職に就かず（就くことができず）にいる若者は，主に厚生労働省系の自立支援の枠組みでの支援対象となっており，ここには「居場所」の語がしっくりくるわけである。また，小学校の放課後対象事業[5]においても，放課後の学校をおとなの見守りのある「居場所」と位置づける言説が施策的に定着化していることからも，その対象となる年代の拡大も認められる。

(2) 「たまり場」「居場所」の異同

　では 80 年代までの若者の「たまり場」施設（空間）と 90 年代末以降の「居場所」施設（空間）の異同はいかなる点にあるのか。そもそも語自体の差異がある。「たまり場」は集団あってのものであり，間主観的な関係である。「居場所」は，そもそも個々人の主観に起因する個別性の強いものであるはずである。一方，生活世界における双方の位置づけを見てみると，「たまり場」は働く若者を主な対象としていたため，そこは家庭・職場以外の生活領域であった。「居場所」は主に在学青少年およびその年代を対象としているため，家庭・学校以外の生活領域である。その意味で共通項としては，双方とも家庭・職場あるいは学校とは異なる，〈第 3 の生活領域[6]〉であることが挙げられるが，質的に共通のものではない。それは，「おとな」の存在の有無である。

　施設空間としての若者の「たまり場」は，そもそも自治性，参画形態が備わっていたことが多い。なぜならば社会人であるがゆえに種々の責任を持ちうるからである。それゆえ，アジール[7]性が担保されていることも多かったといえよう。一方，1990 年代後半に創設された「居場所」施設も中高生の参画形態が前提ではあった[8]が，そこにはスタッフが介在している。これには社会人である若者と，在学中あるいはその年代にある子ども・若者を主な利用対象としていることの差異が存在する。

4 ▶〈第 3 の生活領域〉としての「たまり場」「居場所」

　そのことを注視すると，1970 年代以降，都市部において公民館等に設けられていった「たまり場」は，職員・スタッフの存在あってこその面があったといえよう。平林正夫は，1980 年代，国立市公民館での実践をもとに社会教育施設における「たまり場」づくりの可能性を提起した。前述したように，平林は若者による「コーヒーハウス」の実践を通して，意図的な「たまり場」空間をどのように社会教育施設において実現していくか，その条件を綿密に検討したが[9]，そこにおいていわば「意図的な無意図性」の追求を重要視していたことが示唆的である。職員の緩やかな関わりによって，当事者

以外からは閉鎖性をも自覚させることのある「たまり場」の限界性の克服と再生産を常に意識していたのである。この関わり方は、以後の「居場所」施設においても継承されている。

　90年代以降の子ども・若者を利用層として想定する「居場所」施設は、上記の都市公民館における「たまり場」と同様、職員・スタッフあってこその場である。いわば、おとなあってこその居場所である。もちろん、そもそも「居場所」施設における参画形態には、ロジャー・ハートの「参画のはしご」において示された[10]ように、おとなとの関係との中で参画の度合いが進んでいくことが前提としてはある。

5 ▶ 若者における〈第3の生活領域〉の構造

(1)「たまり場」は「重たい」

　昨今はさまざまなコミュニティツールの発達もあり、必ずしもface-to-faceの関係が望まれるわけではない。とはいえ、ヴァーチャルな空間においても人は他人とつながることを望む。さらにいえば、若者が「たまり場」のような濃密なコミュニティに単独に身を置くのではなく、多様かつ複数のコミュニティに広く浅く属する傾向も指摘されている[11]。このことは人間関係の希薄化と批判もされる一方、個人の社会性の発達を助けるためのみならず、いわば個人のセーフティネットを何重にも張ることとして評価もできる。やはりこうなると、若者の関係性を表現する語として、「たまり場」は適しない。90年代より個々人の立ち位置そのものを確認する語彙としての「居場所」が、言説空間および施策上も「たまり場」に代わって用いられていく。

(2)〈第3の生活領域〉の生成

　以上で「たまり場」「居場所」の異同をみたが、両者を統合してみる視点の提唱を以下行ってみたい。試案としては〈第3の生活領域〉に以下、3つの視点・機能を措定している。①シェルター的な〈居場所〉、②緩衝域かつ自己形成空間としての場、③利用者の参画が前提として存在する場（と

きにオルタナティヴな志向性をも持つ）であり，そこを基盤に社会との結びつきや「自立」がエンパワメントされる場である。

なお，①〜③はそれぞれ独立してあるというよりは，グラデーションとして連続して同一の空間・場に存在し，個々人の関与も変容していくと思われる。なお，①〜③を成り立たせるのは，「見守り」「意図的な無意図性」等々を支援の前提とした「おとな」の存在である。

従前の「たまり場」は，主に②，③が機能としてあった。それを成り立たせたのは，緩やかな異年齢構成であり，既にして働いている勤労青年層によって構成されているアジールとしての性格の強さである。対話的空間としての「たまり場」は，濃密なコミュニケーションを前提に生成される間主観的な関係であるのに対し，「居場所」はそもそも主観的かつ個別性のある意味合いを持つ語である。まずはその意味の強弱はあれども，①の保障が「居場所」の一義的な意味であろう。そこから②，そして③へ。こうなるとかつての「たまり場」と一見かわらぬ光景が繰り広げられることになろう。ただ，もちろん，「おとな」がそこには関わり伴走している。併せてそこに暮らし続けるための「生業(なりわい)」の確保を行う営みも労働や福祉のセクションとの協働でこれを実現していかねばならない[12]。その主体が行政でまかなえず，NPOにも期待できない小規模な自治体では，子どもや若者がそこに暮らし続けることの困難が招来されることは明らかであろう。

6 ▶ 地方における若者と〈つながり〉を結ぶ営み

(1) 若者と地域との関係

農村部においては，若者の所在は地縁のネットワークにより認識される。ただし，行政施策の前提は見直す必要があろう。というのも，近代以降の社会教育における青年期教育では，市町村主義を前提とした「地域」との結びつきが強調され，奉仕・貢献も求められてきた経緯がある。現在，若者が地域活動に関わるメリットとは何なのか。そのことが確認されないまま，ひたすらに「若者による地域の活性化」が喧伝される。若者はとにもかくにも地域に奉仕せねばならないのか。それ以前に，まず順番として彼ら／彼女らへ

のメリットが明確に示されないといけない。いわば「私事性」から「公共性」へと至る段階を認めること，それによってその地域に住み続けることが保障される生業(なりわい)の確保である。自分たちのために始めたことが，結局は公共性を帯びる。このことが学習と実践の往還の中で体感できたとき，能動的な「地域活性化」の営みが進み，地域との〈つながり〉が生じるはずである。

　そうしたときに，これらの動きを誰が支援し，進めていくのか。先に述べたように，農村部の引退原理を持つ青年団を前提とした「たまり場」は1980年代には停滞した。一方，都市部においては公民館等の施設空間において，職員の関与により継続したことは既述の通りである。すなわち，そこには行政領域における職員やスタッフによる伴走性が発揮されていたのである。

　本稿において示唆された「たまり場」の重要性，およびそこからの私事の公共化の営み，さらにそれを支える若者の組織化に関して，現代的なあり方を構想する際，筆者が勤務する山形県の事例をもとに以下考察したい。取り上げるのは，南陽市の青年教育の取り組みと川西町吉島地区で組織されるNPO法人「きらりよしじまネットワーク」における後継者育成のあり方である。

(2) 青年教育の主体

　まず，南陽市の青年教育推進事業について触れる。同事業は2008年度の「夢はぐくむ故郷（まち）南陽コンペティション」に始まり，コンペティション形式の政策提案型手法を活用し，ワークショップと実践，そのふりかえりを一連のプロセスとした若者の組織化と地域づくりを進めている[13]。当初開催されたコンペは，半年間の徹底的な学習を伴ったものであった。社会教育における青年教育が空白化した昨今において，行政が積極的に若者の組織化に乗り出している動きは，全国的に注目されている。グループの活動内容も環境や農・食など，生業と関わるテーマのみならず，子どもたちや子育て世代のニーズに適した多様さを持つものである。これを支えるのは，専門性高く熱意ある社会教育関係職員たちである。人口3万人規模の自治体[14]

で，社会教育課社会教育係に近年まで3人の正職員が配置されていた。さらに複数の大学教員がアドバイザーとして関わることで参画型学習と実践の多様性・専門性とが担保されてきた。また，2012年度に8館ある公民館中，3館へ正職員が再配置されるなど，社会教育行政の強化がなされてきた点が注目される。

次に「きらりよしじまネットワーク」についてである。同組織は，川西町吉島地区（小学校区）にあり，2007年に法人格を取得した全戸加入型NPOである。旧吉島公民館（現：吉島地区交流センター）の指定管理者であり，そこを拠点に人的資源のネットワーク化，コミュニティビジネスの起業，総合型地域スポーツクラブの立ち上げ，放課後子ども教室の受託などを通して雇用の創出にも乗り出している[15]。小学校との協働による事業，社会教育事業の展開など，公民館時代と比して多様かつ住民全体を巻き込んだ活動が展開している。ここでは事務局組織にも積極的に若者を関わらせ，地域ぐるみで後継者を育成しているところが注目される。

(3) **支援のあり方とキーパーソン**

南陽市の例は，職員が若者グループの立ち上げから自立までに深く関わっている，典型的・かつ古典的といえる行政主導型事業である。ここでは職員が最初は積極的に介入しつつ組織化させ，グループ・サークルとして自立させていく。いわゆる行政職員による伴走性が発揮されていることが具現化されていると評価できる。

一方，NPO法人である「きらり」でも，専門性高いスタッフが主導しながら若者の育成が行われており，その支援・指導のあり方は南陽市同様である。吉島地区交流センターは若者の活動拠点として利用しやすく，十分にたまり場の機能を果たしている。両者の根幹は地域活動およびそこでの事業において，若者に「学び」のプロセスを保障している点に求められる。参画と「学び」を担保しつつ，若者グループや若者層の自立化をいかに図っていくかが支援の課題である。

こうしてみると，支援に当たってはキーパーソンの存在が重要である。ここでいうキーパーソンとは，カリスマ的なリーダーやエリートではなく，地

域社会と外界との境界に立ち，外からの情報や施策などを地域の事情に合わせ取捨選択しつつ取りこみ，実践を後押ししていくようなキャラクターである[16]。南陽市と「きらり」ともその存在と貢献とが十二分に認められる。

(4) 地方における若者の組織化—〈つながり〉づくり—における課題

では最後に，主に青年教育の枠組みから，農村部における若者の組織化—〈つながり〉づくり—に当たっての課題をいくつか提示したい。

一つ目には，行政主導型の青年教育事業の限界が指摘できる。社会教育行政が縮小していくのが常態となった現在，甚だその実現が困難となってきている。短期間での異動も職員の専門性の確立にはマイナスに働く。南陽市の事例は，いわば時代に逆行した動きでもあった。しかし，これらの社会教育重視の施策を積極的に進めていた前市長が2014年に落選した結果，2015年度より公民館の正職員は再度嘱託職員に戻され，中央公民館も廃止となり，社会教育課職員の削減等が進んでいる。

そうなるとNPOや同様の任意団体への期待が高まるが，相応の人口規模がないとその展開は難しい。小規模自治体ではやはり行政に主導的な役割が求められるのであるが，山形県内を見てもその活動には制約が見られる。

2つ目としては，若者に限定した事業や組織の継続性への疑義である。その年代のみを対象とした事業だけでは発展性に欠ける可能性がある。若者をコアとしつつも子どもから老年世代までをも巻き込む形態の事業・組織も併せて求められる。何にしろ，青年期は一過性の時期であり，いずれ引退を迎える。もしくは当初より将来的に活動の波がある事業・組織として位置づけ，長期的に支援する体制を確立する必要がある。ただ先に述べたように，担当者が数年で移動する行政の現状において，その機能が果たされることは難しい。それゆえ，支援主体を創造していくことも併せて求められる。

また，自治体の教育行政そのものに就業支援や生業の確立について支援するスキルは蓄積されているとは言い難い。このため，労働行政やまちづくりの経験を蓄積させたNPOや企業等との協働が求められよう。

7 ▶ おわりに

　本章では，地域における若者と〈つながり〉を結ぶ方策について，若者の〈第3の生活領域〉の視点をもとに考察した。そこには特に伴走者としての支援者・おとなの存在の重要性が意識化される。ユースワーカーの資格化が具体的に論じられる昨今の現状であるが，その制度化を待つうちに地域は疲弊する。

　さらに，地域の人材育成・後継者養成を謳う際，当事者の生活世界と地域課題との接続を丁寧に図っていくことが重要である。前述した「私事性」から「公共性」への展開である。

　またこれらの成果を長期的な視点で，かつ質的な方法で検証し，示すことが施策面への貢献ともなる。これはわれわれ研究者に課された喫緊の課題である。

注

1) 日本では近代以降，"youth"を指す語彙が変化してきた。近世からの「若者」が近代以降「青年」へ。そして現代では「若者」へ回帰した。現在は「若者」が一般語彙であり，「青年」は施策・学術用語化している。このため，本章も同様の使い分けをしている。詳細は，拙稿「若者の『居場所』へのまなざし―史的考察―」田中治彦・萩原建次郎編著『若者の居場所と参加』東洋館出版社，2012年，pp.70-86)を参照のこと。
2) 安藤耕己「戦後社会教育における『たまり場』論に関する考察」『吉備国際大学社会学部研究紀要』第16号，2006年，pp.30-31。
3) 安藤1) 前掲，p.80。
4) 2008年に示された青少年育成施策大綱においても，青少年の居場所づくりが重要視されている。例えば山形県では，2014年度より村山・最上・置賜・庄内4地区それぞれに「若者相談拠点」を設け，従前から活動している若者支援NPOらに業務を委託させているが，ほとんどがその業務内容に若者の「居場所」づくりを掲げている。
5) 文部科学省は，2004年度より「居場所作り」を施策に位置づけ，放課後の学校施設開放事業として，「子どもの居場所づくり新プラン」「地域子ども教室推進事業」を2004年〜2006年度の3カ年計画で全国14,000校の小学校を対象に実施した。2007年度よりは文部科学省所管の「放課後子ども教室推進事業」と厚生労働省所管の「放

課後児童健全育成事業」（学童保育事業）とを連携させた全児童対象事業としての放課後子どもプランが創設された。さらに2015年度からは「土曜日の教育活動推進プラン（2014〜）」と併せ，また，「放課後子供教室」と「学童保育」とを一体化させ，学校施設の徹底活用を謳う「放課後子ども総合プラン」が動き出している。

6) 藤本浩之輔は，家庭・学校という生活空間の間にある第3の生活空間である，子どもの遊び空間に子どもの「学習」の価値をおいた（藤本浩之輔『子どもの遊び空間』日本放送出版協会，1974年，p.3）。〈第3の生活領域〉とは筆者がこの藤本の定義をふまえて用いているものである。

7) 主に社会史研究の文脈で，聖域や免責の場といった意味で用いられてきた（夏目琢史『アジールの日本史』同成社，2009年，p.141）。本章においては，地域社会の大人たちの権力が一定程度遮断され，そのことがあたりまえのこととして承認されている空間・場として用いている。

8) 安藤同上。

9) 平林正夫「『たまり場』考—社会教育における空間論的視点」長浜功編『現代社会教育の課題と展望』明石書店，1986年，pp.159-163。

10) ロジャー・ハート著，木下勇・田中治彦・南博文監修，IPA日本支部訳『子どもの参画』萌文社，2000年，p.42。

11) 浅野智彦『趣味縁からはじまる社会参加』岩波書店，2011年。

12) 山形市で若者支援を行うNPO「ぷらっとほーむ」ではこれらが意識化されて行われている。フリースペースの利用者からスタッフに転じていく様子は，正統的周辺参加論における十全的参加の具現化としてみることができる。ぷらっとほーむの詳細はホームページ（http://plathome.wix.com/plathome）および共同代表者である滝口克典氏の報告を参照（滝口克典「居場所づくりの実践／研究をする〈わたし〉たちがつむぐ〈ことば〉」日本社会教育学会編『社会教育学研究』第51巻1号，2014年，pp.28-29）。

13) 嶋貫憲仁・安藤耕己「南陽市における社会教育の現状と課題—公民館体制の見直しと青年教育振興を中心に—」日本公民館学会第10回研究集会公開シンポジウム発表資料，2011年12月4日，加藤由和「青年教育が変えた青年とまち　南陽市青年教育推進事業について」『月刊社会教育』No.716，国土社，2015年，pp.60-66。

14) 2015年1月1日現在で全人口は32,512人となっている（南陽市ホームページ http://www.city.nanyo.yamagata.jp，2015年1月11日閲覧）。

15) 上原祐介・孫冬梅・王軒「きらりよしじまネットワークの挑戦」『月刊社会教育』No.659，国土社，2010年，pp.33-39，および関係者へのインタビューによる。きらりよしじまネットワークの事業の詳細は，ホームページ（http://www.e-yoshijima.org）も参照のこと。

16）鶴見和子「内発的発展論の系譜」鶴見和子・川田侃編『内発的発展論』東京大学出版会，1989 年，pp.57-59。

第**2**部

〈つながり〉がくらしを変える

多文化共生の地域づくりへの取り組み
―外国人集住地域に着目して―

曹　蓓蓓

1 ▶ はじめに――外国人の来日経緯――

　1980年代になると，経済活動のグローバル化の進展に伴い，日本社会では国境を越えた人の移動が活発になってきた。1990年に『出入国管理及び難民認定法』が実施されたのと同時に，日本の企業が人手不足のため多くの外国人を研修生・技能実習生として受け入れて，国際的な人材や単純労働者の交流が一層活発になってきた。来日した外国人の多くは日本社会に生活基盤を築いてきた。外国人住民の定住化に伴って，日本人住民との間で文化摩擦ともいえる様々な問題が生じてきた。

　本章では，外国人集住地域において共生を目指す住民間の交流促進，相互理解への取り組みに着目して，自治体レベルの事例分析を通してその意義と課題を検討することにしたい。

2 ▶ 多文化共生に関する施策の動向

　日本国憲法（第3章『国民の権利及び義務』）に加え第3回国際連合総会で採択された「人権に関する世界宣言」（UDHR）（第1条）に謳われたように，国籍や国籍の有無によらず，多文化意識が肯定的に受け止められ真の豊かさをもたらすことは，あらゆる人に適用される基本的人権として保障されるようになった[1]。また，世界中のグローバル化に伴い，日本政府は「国際交流」（1980年代）と「国際協力」（1990年代）を経て，「多文化共生」（2000年代以降）へと施策を展開してきた。

　総務省は2005年に多文化共生の推進に関する研究会を設立した。同研究

会は 2006 年に『多文化共生の推進に関する研究会報告書〜地域における多文化共生の推進に向けて〜』という報告書を提出して，次のように多文化共生を定義した[2]。

「国籍や民族などの異なる人々が，互いの文化的ちがいを認め合い，対等な関係を築こうとしながら，地域社会の構成員として共に生きていくこと。」

総務省は同研究会の報告書に基づき「地域における多文化共生推進プラン」を策定し，全国の自治体が多文化共生を総合的かつ計画的に推進していくことを求めてきた。内閣府は 2009 年に「定住外国人施策推進室」を設置し，経済不況により生活困難に陥っている日系ブラジル人などの定住外国人の雇用や教育に関する緊急的な支援対応策を進めることを検討した[3]。

総務省の公表した「多文化共生」の定義によると，多文化共生推進において外国籍を持っている在日の外国人に限らず，異なる民族・文化を持つマイノリティ（例えば，アイヌ民族，障害を持つ人々など）の人権擁護も念頭において策定された政策であることが読みとれる[4]。しかし，多文化共生を推進するに際して，自治体レベルでみると，多文化共生に対する理解は多様になっている。地域における多文化共生推進も地域の特徴によってばらつきがみられる。

3 ▶ 多文化共生と社会教育

上述した多文化共生の推進に関する研究会が定義した多文化共生により，異なる文化を持っている人々の共生が相互理解・信頼を通して対等な関係として構築することが課題となっているのである。では，社会教育学においてこのような対等な関係の構築はどのように論じられてきたのかを検討してみよう。

日本社会教育学会は 1995 年に「多文化・民族共生社会と生涯学習」というテーマの年報を刊行した[5]。その年報において，共生と社会教育・生涯学習の関係に着目して実践事例を通して，特定の民族間の共生，外国人向けの

日本語ボランティア活動及び自治体社会教育行政における課題が指摘された。その中で，朝倉征夫は多文化教育としての社会教育の課題を6点に整理している。すなわち，①人権に関する学習の組織化，②異なった民族，文化に関する学習の組織化，③異なる民族，文化集団の交流機会の組織化，④社会教育計画，学級，講座等の多文化的視点からの見直し，⑤言語権利としての母語学習の組織化，⑥主流言語としての日本語学習の組織化である[6]。朝倉の指摘から，異文化理解と異文化交流が社会教育の形式で実現し得る可能性がみられるようになった。

人権保障を契機に多文化共生が行われた自治体として，川崎市は先駆的である。金侖貞は川崎市を舞台にして「多文化共生教育」という理念を提起し，市内に在住している在日韓国・朝鮮人[7]及びその子孫への人権保障運動及び川崎市における日本人と在日韓国・朝鮮人の共生社会の成り立ちについて歴史的な検討に加え，実践的に研究・調査を行っていた[8]。川崎市においては，73年には在日韓国・朝鮮人によって開設された桜本保育園が74年に公的に認可された。75年には外国人に市営住宅への入居が認められ，児童手当の支給も始まった。80年代になると，市民運動によって小中学校に外国人民族差別を撤廃することや桜本地区に青少年会館を設立することが求められた。86年に「川崎市在日外国人教育基本方針」が策定され，88年に日本人と在日韓国・朝鮮人を中心とする外国人の共生を目指した社会教育施設である「ふれあい館」が設置された。金の研究においては，青丘社が中心になった市民運動がこれらの施設の設立や教育基本方針の制定へつながったことと，「ふれあい館」が拠点になって「共生」理念を発展していくことが明らかにされた。

1990年代以降，経済活動や人的移動が一層活発化することに伴い，川崎市では日本人とオールドカマーである在日韓国・朝鮮人との共生のみならず，日本人とニューカマーが共に生きていくようになっている。さらに，多様な外国人住民が日本社会に定住するに伴い，川崎市に限らず，共生というのは特定の民族間の問題だけではなく，日本人と外国人，外国人同士の共生も日本社会の課題になった。

4 ▶ 地方自治体における多文化共生推進の取り組み

　1980年代の好景気と相まってその後半，日本では製造業を中心に単純労働力の不足が深刻になった。静岡県浜松市は東海道の中央に位置して，市内とその周辺には製造・運輸などの有名な企業や工場がある。その影響を受けて，外国人の多くは単純労働力として間接雇用された。1990年代以降に，工業都市浜松ではブラジルをはじめとする日系南米及びその家族が急増してきた[9]。

　1990年代以降，中国の経済発展に伴い，来日する中国人が急増してきた。日本における留学生活を経て就職・結婚して，日本社会に生活の基盤を築いて定住志向する中国人は多くなってきている。中国人集住地域の一つが川口市である。川口市は埼玉県の南端に位置し，荒川を隔てて東京に接している。2007年以降山下清海[10]の指摘したように，市内における公団住宅に多くの中国人とその家族が居住してきた。2010年度時点で外国人登録人口がさいたま市を超えて埼玉県で第1位となり，外国人登録者数20,961人のうち，中国人の登録者数は11,986人に達した[11]。

　このような外国人の公営住宅の入居に伴って，日本人住民と日常生活をめぐる摩擦や軋轢が生じてきた[12]。その背景には，外国人住民と日本人住民の間における相互の無理解と不信感がある。このような課題を解決するには，上述した両自治体の働きかけについて検討してみよう。

(1) 日系南米人のニューカマーが集住している浜松市の取り組み
①市の多文化共生の取り組み

　浜松市は1980年代から公益財団法人浜松国際交流協会（HICE）[13]（以下，HICEとする）を通して「民間主導型」[14]の国際交流事業を進めてきた。1990年代から行政による国際交流・国際協力事業が推進されてきた。1991年6月に国際交流室が浜松市の企画部内に設置され，国際化に伴う制度面の対応や市役所内の各部署から持ち込まれた翻訳依頼の調整などの業務を担当していた。外国人と接する部局にポルトガル語・スペイン語・英語などの外国語と日本語に堪能な職員を配置していた[15]。当時，民間団体で市の受託を

受けていた HICE は，1992 年より国際交流センターを管理運営し，行政との連携をしつつ浜松市の国際交流事業を行った。

　2001 年 5 月に 1980 年代以降来日した「日系南米人を中心とする外国人住民が多数居住する都市の行政並びに地域の国際交流協会等をもって構成し，外国人住民に係わる施策や活動状況に関する情報交換を行うなかで，地域で顕在化しつつある様々な問題の解決に積極的に取り組んでいくことを目的」とする外国人集住都市会議が設立された。同年 10 月に「外国人集住都市公開首長会議」が開催された。当首長会議においては，外国人住民との地域共生に向けた「浜松宣言及び提言」を採択して，外国人住民に係わる就労，教育，医療，社会保障といった諸課題に取り組んできた。また，法律や制度に起因する課題に必要に応じて，国・県及び関係機関への提言や連携した取り組みを検討し，外国人住民との地域共生の確立をめざしてきた[16]。

　2008 年に，国際交流センターが多文化共生センター（以下，センターとする）に改名されたことに伴い，HICE はセンターを拠点として本格的に多文化共生推進事業を展開してきた。センターにおいて，誰もが安心して暮らせる共生社会づくりを推進するために，多文化共生コーディネーター[17]などの専門スタッフを配置し，事業を実施している。多言語による生活相談，自治会などと連携した地域共生モデル事業，国際理解教育推進事業，多文化共生のためのソーシャルワーク研修，メンタルヘルス相談のほか，外国人を取り巻く様々な課題に対応するために，関連機関と連携したワンストップ相談など，幅広い事業を実施している。

②地域防災訓練における住民の結び合い

　浜松市では 2013 年に『浜松市多文化共生都市ビジョン』[18]を策定した。HICE はそのビジョンの指針に沿って，これまで行ってきた事業を整えてより明確に多文化共生事業を展開した[19]。ここで，2014 年度にセンターで実施した事業をみてみよう。2014 年度に実施した事業は大きく 2 つに分けられた。「多文化共生のまちづくり」と「グローバル感覚に優れた人づくり」である。この 2 つの枠のもとで具体的な事業を実施した（表 1 参照）。

　2011 年の東日本大震災を契機として，2012 年 12 月に総務省の「多文化

表 1　浜松国際交流協会の事業（平成 26 年度）

事業枠	事業名
多文化共生のまちづくり	相談事業
	日本語学習支援事業
	外国につながる子ども支援
	地域共生事業
	多文化防災事業★重点事業
	多様性を生かしたまちづくり★重点事業
グローバル感覚に優れた人づくり	グローバル人材の育成と活用
	国際交流と国際理解の推進
	担い手の育成と支援
	情報提供事業

（出典）公益財団法人浜松国際交流協会（HICE）『平成 26 年度事業報告書』, 2015 年 7 月, p.4 より。

共生の推進に関する研究会」が提出した報告書においては，「要支援者」ではなく，「支援者」として地域活動ができる外国人住民の活用が期待されてきた[20]。

浜松市は東海沖地震や東南海沖地震の予測地域の一つとされている。したがって，地域に生活している外国人の防災知識及び防災意識を高めるために，市では形式的な防災訓練ではなく，実践的な避難・防災訓練が行われてきた。HICE は外国人が多く居住している地域の自治会・町内会の要求に応えて，外国人住民も含めた避難所の運営訓練や災害時多言語支援センターの立ち上げ訓練を行い，Facebook で災害情報を多言語で発信する「多文化防災事業」[21]が行われてきた。「地域共生自治会会議」はその事業の一環として，HICE によってセンターで行われた。

2014 年 3 月に，浜松市と HICE は「浜松市災害時多言語支援センター設置に関する協定」を締結し，浜松市災害時多言語支援センターの役割を決定した。その役割としては，以下の三点が取り上げられた[22]。

　i　災害時に外国人に対して必要な情報の収集・提供および多言語による

発信
　ⅱ　外国人からの相談・問合せ等への対応
　ⅲ　避難所等への通訳者派遣と外国人の避難状況把握　など

　以上のように，HICE の事業における新たな取り組みには，外国人住民が多く住んでいる地域において防災訓練を通して外国人住民と日本人住民の交流を促進し，地域仲間意識を形成するのと同時に，日本人と外国人住民が主体的に地域防災に取り組むことを目指している。

(2)　中国人ニューカマーが集住している川口市の取り組み
①市の多文化共生の取り組み

　2011 年に川口市では多文化共生指針策定委員会[23]を設置し，川口市自治基本条例，第4次総合計画，及び埼玉県多文化共生推進プランに基づき，今後川口市が外国人住民とともに多文化共生を進めていくことを検討した。その検討を踏まえ，川口市の多文化共生社会の実現に向けた基本的な考え方と具体的な推進内容は以下の『川口市多文化共生指針』に示されている[24]。

> 「誰に対しても平等に受け入れる人権の尊重，あなたも地域参加者のひとりにする地域社会の活性化，及び外国人住民も自ら地域社会に参加できる地域社会をつくる。」

　『川口市多文化共生指針』においては，地域社会における日常生活レベルの共生についてより明確化され，日本人と外国人を問わず誰でも地域住民として尊重され平等に受け入れられ，外国人の地域社会への参画が表明された。しかも，国籍，民族あるいは集団にかかわらず，人と人との共生が大事であるということが提唱された。

②地域のイベントを通した住民のコミュニケーション

　A 団地は川口市の N 地区に位置し，Y 町に所在している。2013（平成25）年末現在，Y 町に住んでいる人口総数は 5,047 人，世帯数は約 2,862 世

帯であり，そのうち，外国人の人口総数は 2,276 人で，1,226 世帯となっている[25]。川口市において，Y 町に住んでいる外国人が一番多い。

工場の跡地に建設された UR 賃貸住宅である A 団地は，建設当時に保育園や郵便局，A 団地 B 公民館（以下，「B 公民館」とする）等の公共施設が揃って，自治会や商店会のような住民組織も形成されていた。30 年以上経て，他の公営住宅と同じように，A 団地では設備の老朽化に加え，現住民の子世代が転出し居住者は親世代の高齢者である。日本人の入居者の減少による多くの空部屋を再利活用するため，入居条件が一層緩和された。また，都心から近く交通の便がよいというメリットがあって，A 団地に居住する外国人ニューカマーが多くなってきた。その中で中国人の居住者が一番多いといわれる。

図 1　A 団地の出入り口（筆者撮影）

より多くの中国人住民の入居に伴い，A 団地自治会は安全・安心な生活環境をつくるために，中国人住民の自治会入会の勧誘をはじめとして，中国人住民とのコミュニケーションを構築する必要性を感じるようになった。A 団地では商店会も日本人住民と中国人との交流疎外を問題視するようになり，住民間の交流を促進するために異文化交流のイベントに力点を置くようになった。このようなイベントが A 団地における日本人住民と中国人との交流疎外にどのような影響をもたらしたのか，また，その影響が住民間の交流疎外による誤解をどれ程解消することができたのかについて検討したい。

2013 年に，商店会は新たな挑戦として全国商店街振興組合連合会が主催した「地域商店街活性化事業（助成金）」[26]に応募して採択された。補助金を得た商店会は A 団地の活性化への取り組みに着手し，企画案を打ち出した。

イベントは 2013 年 12 月 14，15 日（土，日曜日）と 2014 年 1 月 25，26

日（土，日曜日）に開催された。イベントの一環として，商店会はステージ出演の形式で日中文化交流を行うことにした。そのため，商店会は事前準備の段階で，市の関連部局を訪れ，市の多文化共生の担当職員の意見を聴取し，関連する組織及び民間団体との連絡をとってもらい，多領域か

図2　中国の国粋特技変面の出演（筆者撮影）

らの協力[27]が得られるようになった。また，商店会は各協力者から多様な提案を得て相互に意見を交換した後に反省会を行い，改善対策[28]を提出した。イベントにより，日中住民がお互いの文化に接触する契機を提供する効果があった。この点は中国人へのインタビューにも感じられた[29]。

　しかしながら，このイベントの企画と運営を担当しているのは主に日本人側であった。実は，商店会において，外国人店舗は4軒[30]あるが，イベントの企画段階から，日本人が主役として議論を行い，外国人は聞いているのみであった。また，イベントのときに各店は自分の営業を重視していた。今回のイベントの企画，準備，実施において，日本人と外国人の会員間でコミュニケーションが上手くとれていないし，商店会が組織として活動していないことが感じられた。

5 ▶ 事例における課題についての検討

　小池源吾と天野かおりは，日系ブラジル人の集住地域である群馬県大泉町における多文化共生が上手く推進していないといえる原因が日系ブラジル人を受け入れる上で行政側と住民側の間に生じた食い違いにあることを指摘した[31]。町民は日系ブラジル人を隣人として共生していくことを意識していない。行政がいくら「多文化共生」「共生のまちづくり」を提唱してみたとこ

ろで，「まちづくり」の主体である住民の成長という視点が欠落したならば，日本人住民と外国人住民の「共生」が画餅に帰するのである。したがって，地域に暮らしている日本人住民が外国人を同じ地域の住民として理解し共生していくという意識をもっていないと，地域における多文化共生が上手く推進できないということが小池と天野の研究により明らかにされた。

　澤野由紀子は地域住民と密着した公民館と地域国際理解の促進の関係について述べる際に，公民館の場としての役割を指摘している[32]。その場における草の根レベルの国際交流や異文化との接触を通じて，住民たちは直接的に互いの置かれている立場で他者への理解を深めることができる。しかしながら，本章の事例の中で，HICEやA団地の商店会が地域に根差している社会教育施設と連携し，多文化共生の事業を推進するという意識は見られないし，地域における多文化共生の仕組みも構築されていなかった。

　A団地においては，自治会，商店会，そして，社会教育施設であるB公民館が連携せずに多文化共生に関する事業を行っている。多文化共生の地域メカニズムを構築するために，今後三者の連携が必要であろう。とりわけ，B公民館が拠点となって地域の多文化共生を推進することがA団地の多文化共生の取り組みにおいて大切であると考えられる[33]。

　浜松市のHICEは地域と連携して事業を行っているが，自治会・町内会からの要望に応えるだけにとどまっているのである。浜松市においては，中学校区ごとに協働センターが設置されている。筆者は外国人集住地域に設置されたS地区協働センターにおける外国人向りの日本語学習教室を見学した。この教室がHICEと連携して行われる事業であるかどうかを調べたところ，HICEとの連携ではなく協働センターの自主事業であるということであった。HICE職員もS地区協働センターでこのような日本語学習教室が開催されることは知らなかったようである。同じ多文化共生推進に係わる事業であるが，HICEが把握している講師の情報及びその地区に住んでいる受講者のニーズなどをS地区協働センターと共有してこのような教室を実施すれば，受講者の人数が増える可能性があるのではないだろうか[34]。今後，HICEが多文化共生推進の事業を地域における社会教育施設と連携することは課題になると考えられた[35]。

6 ▶ おわりに──新たな多文化共生の取り組みへの展望──

　最後に本章での考察を踏まえて，今後，検討を要する課題についてさらに指摘しておきたい。これまで，地域における多文化共生の事業では日本人住民が外国人住民と相互理解を促進している事業が殆どである。ところが，在住外国人の多出身国化や帰化して日本国籍を取得する者の増加に伴い，外国人集住地域に居住している外国人住民も多様化してきている。「日本人」と「外国人」という二分法的な枠組みで日本の地域社会を理解することができなくなってきている。このような地域のまちづくりを促進するためには，一方的に日本人住民と外国人住民の間で相互理解と対等な関係を形成するのみならず，外国人住民同士のつながりの構築も重要となってくるであろう。

注・参考文献

1) 「United Nations Human Rights」http://www.ohchr.org/EN/UDHR/Pages/Language.aspx?LangID=jpn （2016 年 2 月 16 日最終閲覧）
2) 多文化共生の推進に関する研究会『多文化共生の推進に関する研究会報告書〜地域における多文化共生の推進に向けて〜』総務省，2006 年 3 月，p.5。
3) 「内閣府　共生社会政策」http://www8.cao.go.jp/souki/index.html （2016 年 2 月 16 日最終閲覧）
4) 川村千鶴子・近藤敦・中本博皓『移民政策へのアプローチ─ライフサイクルと多文化共生』明石書店，2009 年，p.15。
5) 日本社会教育学会編『多文化・民族共生社会と生涯学習』（『日本の社会教育』第 39 集）東洋館出版社，1995 年。
6) 同上書，pp.33-36。
7) ここでは，終戦前から引き続き日本に在留している朝鮮半島出身者を指す。
8) 金侖貞『多文化共生教育とアイデンティティ』明石書店，2007 年。
9) 浜松市ホームページ，「平成 25 年度　浜松市の人口」より。http://www.city.hamamatsu.shizuoka.jp/gyousei/library/1_jinkou-setai/008_h25_hamamatsushinojinkou.html（2016 年 2 月 16 日最終閲覧）
10) 山下清海「第二次世界大戦後における東京在留中国人の人口変化」『人文地理学研究』第 31 号，筑波大学大学院生命環境科学研究科（地球環境科学専攻），2007 年，

pp.105-107。

11) 2010 年登録外国人統計「(別表) 外国人登録者数総数上位 100 自治体」政府統計の総合窓口，2011 年 8 月 19 日公表．
http://www.e-stat.go.jp/SG1/estat/List.do?lid=000001111139 （2016 年 2 月 16 日最終閲覧）

12) 松岡真理恵「『協働の場』を通して形成される専門性―外国人集住地区でのコーディネート実践から―」『シリーズ多言語・多文化協働実践研究』第 14 号，東京外国語大学多言語・多文化教育研究センター，2011 年 3 月，pp.56-57．
「外国人を受け入れる側の地域社会から見たとき，南米日系人の増加によりおこる変化とは，「問題」として捉えられることが多い．わからない言葉が隣近所で飛び交っているという漠然とした不安，大きな話し声や遅い時間までの音楽やパーティの騒音，…(略，筆者)…南米日系人から見たとき，…(略，筆者)…地域で問題となるような行動を起こす同胞と同じように見られてしまい居心地が悪い，差別・偏見にあう，同胞どうしのトラブルに巻き込まれやすくなる，などである．」

13) HICE：Hamamatsu Foundation for International Communication and Exchange の英文略称（筆者加点）．HICE は 1980 年代ごろ任意団体であった．

14) 都築くるみ「外国人受け入れの責任主体に関する都市間比較―豊田市の事例を中心に，大泉町，浜松市との比較から―」『愛知学泉大学コミュニティ政策学部紀要』第 2 号，1999 年 12 月，p.139．

15) 池上重弘『ブラジル人と国際化する地域社会―居住・教育・医療』明石書店，2001 年，pp.41-50．

16) 外国人集住都市会議ホームページ，「外国人集住都市会議の概要」による．
http://www.shujutoshi.jp/gaiyou/index.htm （2016 年 2 月 16 日最終閲覧）

17) 松岡，前掲論文，p.36 によれば，多文化共生コーディネーターは，「地域における多文化共生の調整役として，自治会等との連携，人材育成，多文化共生に係わる団体や個人のネットワーク強化などにより組んでいる」．

18) 浜松市ホームページ，『浜松市多文化共生都市ビジョン』より．（2016 年 2 月 16 日最終閲覧）
http://www.city.hamamatsu.shizuoka.jp/kokusai/kokusai/icc_vision/mokuji.html

19) 2015 年 6 月 21 日，HICE の職員 M 氏（多文化共生コーディネーター）に事業の企画についてインタビューをした時，次のようなことがわかった．M 氏の話によると，2013 年度の事業報告書に取り組んだ事業報告と比較すると，2014 年度の事業に取り組むに際して，事業の目標を 2013 年度よりもっと明確にしており，また，2014 年度に新たな事業や取り組みが市の承認のもとでセンターの事業に企画された，ということがわかった．

20) 多文化共生の推進に関する研究会『多文化共生の推進に関する研究会報告書～災害時のより円滑な外国人住民対応に向けて～』総務省，2012年12月，pp.22-23。
21) 公益財団法人浜松国際交流協会『平成26年度事業報告書』，2015年5月，p.24。センター事業名。
22) HICEのホームページ「防災について」より。
http://www.hi-hice.jp/info/bousai.html （2016年2月16日最終閲覧）
23) 川口市役所市民生活部かわぐち市民パートナーステーション『川口市多文化共生指針』，2012年2月，p.14。川口市多文化共生指針策定委員会の委員は10名から構成されている。委員として，在住外国人市民（中国籍）とボランティア2名も含まれている。
24) 同上資料，p.11。
25) 川口市ホームページ「かわぐちの人口第5表町丁字別人口」，2014年12月3日更新。
http://www.city.kawaguchi.lg.jp/kbn/04013021/04013021.html （2016年2月16日最終閲覧）
26) この事業は，商店街振興組合等が地域コミュニティの担い手として実施する各事業に要する経費を助成することによって恒常的な商店街の集客力と販売力の向上を図ることを目的とするものである。助成額は上限400万円（下限30万円）である。「地域商店街活性化事業（助成金）」，全国商店街振興組合連合会ホームページによる。
http://www.syoutengai.or.jp/ （2013年12月20日最終閲覧）
27) 協力の得られた組織及び団体には，都市再生機構埼玉支部，日本中国友好協会埼玉支部，中国京劇役者出演団，川口文化服飾学院，大蔵狂言，県警管楽器カラーガード等がある。
28) 改善策として，福引券が貼付しているチラシを住民のメールボックスへの配布から各戸のドアのポストに入れることに変更した。（2014年2月14日（金）に，イベントの組織者である元商店会長T氏へのインタビューによる。）
29) 2014年1月25，26日（土，日）に，中国人の祖母2人と若い母親2人へのインタビューによる。この4人は四日間のイベントにおける出演を見に来た者で，また，B公民館を利用している者である。現場で中国伝統的な京劇や民族楽器の演奏が見られることは国内でも少ないので，中国伝統的な曲芸を新たに認識したということはこの4人に共通した感想である。
30) 中国人の料理屋，物産店，NPO法人による保育園，及び韓国人の料理屋。
31) 小池源吾，天野かおり「多文化共生社会をめざす社会教育の構想」『広島大学大学院教育学研究科紀要』第三部第59号，2010年，pp.7-8。
32) 澤野由紀子「公民館と国際理解」『月刊公民館』社団法人全国公民館連合会，2002年8月，p.16。

33) 曹蓓蓓「外国人集住地域における多文化共生の取り組みに関する考察―中国人集住地域の事例調査を通して―」『筑波大学教育学系論集第39巻』筑波大学人間系教育学域，2015年3月，pp.73-86。
34) 2015年6月18日（木）午後，S地区協働センター長F氏のインタビューより。「日頃，外国人の利用者があまりいなく，…(中略，筆者)…国際事業を行っていますが，多文化共生センターとは連携していません。」と，F氏は語った。また，同上M氏のインタビューにおいて，S地区協働センターで行った外国人住民向けの「はじめて学ぶ日本語」というボランティア講座について，M氏は知らなかった。当講座の講師はU-Tocのボランティア日本語講師でHICEのもっているボランティアの一人であるにもかかわらず，HICE・センターの職員はこのような情報が把握できない状況がある。
35) 曹蓓蓓「外国人集住地域における多文化共生の取り組みに関する一考察―浜松市多文化共生センターの事例を手がかりに―」『日本公民館学会年報』第12号，2015年11月，pp.70-80。

地域の自治を志向する住民の学び
―東日本大震災 被災地の取り組み―

手打　明敏

1 ▶ はじめに

　今日，少子高齢化が進行し人口急減が進む中で，日常生活の基盤である集落，自治会等のなかには組織運営機能が衰退し崩壊するところもみられる。平成26（2014）年5月に発表された日本創生会議・人口減少問題検討分科会レポート「成長を続ける21世紀のために『ストップ少子化・地方元気戦略』」（いわゆる「増田レポート」）において，日本の市町村の約半数の896市町村が消滅するとの予測は大きな衝撃を与えた。増田レポートの真偽については議論の余地がある。しかし，地域社会が衰退すると自治体財政が破綻し，そのしわ寄せは住民のくらしに直接影響し，地域のくらしに必要な医療・保健，教育・文化などの社会的サービスを行政機関に依存できない事態が生じることになることは確かである。地域のくらしを守っていくためには，地域づくり，まちづくりに参画し地域の自治を担う主体の形成が求められているのである。ここでいう「地域の自治」とは，一定地域で生活を共にする住民が，自立的に地域の改革，開発の決定に参画することである。そのためには住民が地域課題に気づき，その解決の道を探る学びのプロセスを組み込んだ地域づくりが求められる。

　本章では，東日本大震災で津波被害を受けた地域の復興に取り組む住民の活動を通して，地域の自治を志向する住民の学びについて考えてみたい。

2 ▶ 被災地の現状

　雑誌『世界』（岩波書店）2015年4月号は，「3月11日からは復興事業完

了の目標年度に入るが，巨大な防潮堤建設や終わりのない除染作業などに20兆円の巨額予算が投入され，当事者不在の「復興事業」だけが進んでいく」という状況を見据え，「これが復興なのか」というタイトルの特集を組んでいる。特集論文のなかで，社会学の山下祐介は「津波被災地では巨大な防潮堤の建設が着々と進んでいる。だがその内側の多くがもはや住むことができない災害危険区域だ。海と暮らしを隔てる巨大な壁は，復興の前提どころか，むしろマイナスのスタートとして認識されている」[1]と指摘している。

　災害被災地の復興をめぐる問題を考えるにあたって，平成7（1995）年1月17日に発生した阪神・淡路大震災の復興事業を振り返ってみることは意味がある。平成12（2000）年2月号の雑誌『世界』は，阪神・淡路大震災後の復興の取り組みについて，「震災5年―命を守る体制はつくられたか」という特集を組んでいる。この中で，都市計画，財政，環境問題等にかかわる5人の研究者による共同アピール「被災地からの訴え」[2]に注目したい。

　「大震災後5年を経過しても，被災地市民の生活は未だ再建されていない。「自力」復興を余儀なくされていた市民は，行政の都市計画の強行決定による負担と住宅の二重ローン，そして不況と人口減による小売業の不振など苦難を強いられている。（略―引用者，以下同じ）今求められているのは，震災の教訓を生かした都市づくりを行うことである。教訓は，効率性を最優先する官僚主導の都市づくりではなく，市民の生命の安全と暮らしの安定を図ることである。さらに市民主体のもと，環境を保全しコミュニティや共同体を重視したまちづくりこそ，人々が安心して住める街であり，防災機能においても優れているのである。（略）市民が交流と学習を広め深め，「自分たちのまちを自分たちでつくっていく」プロセスこそが，民主主義的市民社会へつながる。」

　アピールは，被災地の再建・復興にあたっては行政主導による一方的な都市計画作成とそれにもとづくまちづくりではなく，市民主体によるコミュニティや共同体を重視したまちづくりを提唱している。そのためには，市民が交流と学習を広め深めることが必要であると訴えているのである。阪神・淡路大震災後の復興過程の「経験」にもとづいて発せられた訴えは，東日本大震災後の復興にあたって生かされているのであろうか。

ここで紹介する宮城県亘理郡山元町では，行政主導による「コンパクトシティ構想」にもとづく復興プランに対して，津波被害にあった沿岸部（以下，「浜通り」）の住民によって，安心・安全なコミュニティづくりプランが提案されている。以下では，浜通り地区住民のまちづくりビジョン作成の取り組みを通して，地域の自治を志向する住民の学びについて検討することにしたい。

3 ▶ 東日本大震災と山元町

(1) 震災前の山元町

　山元町は仙台から30キロ圏内にあり，福島県新地町と隣接している。常磐線を利用すると仙台までの所要時間は約40分ほどであり，仙台市内の通勤，通学圏であった（図1）。

　山元町の基幹産業は第一次産業であり，温暖な気象条件を生かしたいちごの栽培が盛んであり，東北最大のいちご産地を形成していた。いちごの他にもりんごとホッキ貝が特産品である。

　人口は，平成23年2月末時点で16,695人[3]であった。平成9（1997）年

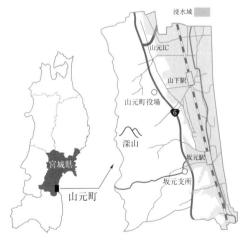

図1　山元町の位置

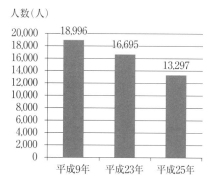

図2　山元町の人口推移（『茗渓社会教育研究』第5号，平成26年6月，p.7）

の18,996人をピークに人口は減少傾向にあり，平成25（2013）年には13,297人に減少していた（図2）。平成27年8月末現在では12,657人である（「広報やまもと」431号，2015年10月号）。人口減少に加えて核家族化の傾向と他所からの高齢夫婦の転居者あるいは独居老人家庭の増加があり，少子高齢化が進んでいた[1]。平成27年3月末時点での高齢化率は35.7％であり，これは宮城県内第4位の高さであった[5]。

(2) 震災後の山元町

平成23年3月11日，山元町では震度6強を観測し，大津波に襲われた。浸水距離は町内の内陸2〜3km，浸水範囲面積は24km^{2}であり，町総面積の37.2％にも及んでいた[6]。人的被害は死者・行方不明者は合わせて636名（平成27年3月1日現在）であった[7]（表1）。

農地面積の約60％が浸水し山側で栽培されているりんごを除き，いちごとホッキ貝が壊滅的な被害を被ったのである。また，山元町にはJR常磐線の駅が二つあったが，いずれも津波によって破壊されたが，平成28年12月10日に運行が再開された。それまでは代行バスが運行されていたが，交通の便が悪く，人口流出の一因となった。

表1　山元町の被害状況

項目	被災状況等					
死亡者	636人…遺体未発見の死亡届17人及び震災関連死19人含む。町内での遺体発見数は674人					
行方不明者	0人（死亡届提出17人を除く）					
負傷者	重傷者9人　軽傷者81人					
家屋被害		全壊	大規模半壊	半壊	一部損壊	合計
	(棟)	2,217 流出（1,013）	534	551	1,138	4,440
	(％)	50.0	12.0	12.4	25.6	100.0
避難所	避難所数19か所　避難者5,826人 一時避難所は8月16日に閉鎖，二次避難所は10月1日に閉鎖					
避難指示区域 （津波浸水域）	10行政区（沿岸部6）面積24km²（40％）2,500世帯7,500人 一部を除き11月7日までに段階的に解除					

（出典）山元町災害復興企画課編『山元町の震災復興計画と事業の取組状況について～後世に誇れるまちづくりを目指して～』平成27年6月

(3) 山元町の社会教育の現状[8]

地域住民の学習活動を支援する山元町の生涯学習行政の現状についてみてみることにしたい。

山元町教育委員会生涯学習課は山元町中央公民館内にあり，平成27年4月より生涯学習班，公民館班，施設計画班の3班で構成されている。課長を含め18名の職員が配置されている。社会教育主事は2名で，うち1名は宮城県教育委員会からの派遣であり，他の1名は中学校長退職者が平成27年4月から1年間の任期付きで採用されている。

中央公民館の館長は生涯学習課長が兼務していたが，平成27年度より公民館長が着任し，公民館班の班長を兼務している。公民館班は6人体制で次の7つの社会教育関係施設を管理運営している。

1) 中央公民館
2) 坂元公民館
3) 勤労青少年ホーム
4) 歴史民俗資料館

5）ふるさと伝承館
6）深山山麓少年の森
7）町民体育館

　平成27年度から新設された施設計画班は，「坂元地区地域交流センター（町役場支所，公民館，避難所機能を持つ）」の建設，震災遺構である町立中浜小学校の保存方法などの検討を進めている。

　生涯学習課所管の施設のほかに，町内には生活センター，学堂と称する多目的型地域センターが設置されている。
① 生活センター
　町内の行政区（22）には生活センターが設置されていた。しかし，震災で沿岸部のセンターは壊滅状態となり，移転や再建を余儀なくされた。生活センターの管理と運営経費は行政区が負担している。
② 学堂
　農水省の補助で設置されていた「学堂」と称する集会施設が町内に2ヶ所（笠野地区，合戦原地区）に設置されていたが，笠野地区の学堂は津波で流出した。
　震災後の山元町の社会教育は，趣味・教養や生きがいづくり，スポーツ・レクリエーション事業を中心として震災前の活動水準にもどすことに力点が置かれているように思われる。震災から1年がたった時期に発行された『やまもとちょう　生涯学習だより』（2012Vol.2）には，平成24年4月から8月までの事業案内が掲載されている。そこには家庭教育支援，地域活動支援，ボランティア募集，講座案内等が掲載されているが，防災教育，安心安全なまちづくりについての学習支援は見出すことはできない。山元町の防災教育は町内の学校を中心に実施されている。また，地域住民の防災については「危機管理室」が担当しており，生涯学習課の業務として取り組まれてはいないのである。

(4) 災害危険区域の指定

山元町は、震災後のまちづくりとして、浜通り地域を3段階の「災害危険区域」(第1種、2種、3種) に指定している。そのうち第1種危険区域の住民に対しては、3ヶ所の集団移転地域 (コンパクトシティ) に建設される公営住宅等に転居することを進めている (表2)。

町が「災害危険区域」を設定するにあたり、町の担当部門と地域住民との協議はほとんど行われなかった。地域住民としては、住み慣れた居住地が「危険」であるからといって放棄することを受け入れがたいという感情がある。住民のなかには、東日本大震災時においても、地震発生から津波来襲までにおよそ60分の時間[9]があったのであるから、その間に避難できるよう防災無線システムの構築や避難道路を通すことによって、地震による津波災害が予想される地域とはいえ、居住することは可能であると主張する住民がいたのである。こうした考えを持つ住民が集まり、現地再建の可能性を探ろうとして「山元町震災復興土曜日の会」(通称「土曜日の会」) が発足したのである。以下では、社会教育行政、公民館が被災地域住民の復興の取り組みに寄り添い、支援する体制が十分とはいえないなかで、地域住民が自主的に組織した住民団体「土曜日の会」の活動を通して、住民主導のまちづくりビジョン策定の取り組みを紹介することにしたい[10]。

表2 災害危険区域

制限の対象：居住用の建物の新増改築

種別	浸水深	制限内容
第1種	概ね3mを超える地区	建築禁止
第2種	概ね2～3mの地区	基礎上端の高さ1.5m以上の住宅は建築可
第3種	概ね1～2mの地区	基礎上端の高さ0.5m以上の住宅は建設可

※高さの基準は、敷地が面する道路からの高さ
(出典) 表1に同じ

4 ▶ 山元町震災復興 「土曜日の会」の取り組み

(1) 「土曜日の会」とは

　平成24年1月7日に有志住民により「土曜日の会」が発足した。以後，毎週土曜日に例会を開催している。例会の会場は，花釜区の第一種危険区域にある普門寺（曹洞宗）である。「土曜日の会」は平成24年6月よりA3版1枚の「いちご新聞」を毎月発行している（後にB4版に変更）。平成28年6月までに44号を発行している。発行部数4000部（山元町内に配布）である。「土曜日の会」発足の経緯について，「いちご新聞」創刊号（平成24年6月1日）は，次のように伝えている。

　「震災から9ヶ月たったクリスマスも近いある日，普門寺に4人の山元町住民が集まっていた。普門寺住職の坂野和尚，テラセン代表の藤本さん，そのテラセンに自宅のガレキ撤去の支援を受けていた砂金さんと小野さん。話題は「山元町はどうなっていくのだろう」「このままでいいのか」……4人は，秋頃仙台荒浜の住民の会について知り，山元町にも住民の会の必要性を感じていた。「山元町にも住民の会を作ろう！」これが土曜日の会のスタートとなった。」初代会長である砂金政宏氏は，「住民が気軽に集まり，山元町のこれからについて前向きな話し合いのできる会にしていきたい」と語っている。

　山元町は22の行政区に分かれているが，「土曜日の会」には，浜通りの花釜区と笠野区の住民が参加している。平成26年1月現在で10名が会員に名前を連ねている。会員は，会社勤めのサラリーマンやIT技術者，自営業者，元大学教員（名誉教授），僧侶，主婦など多様な住民が参加している。「土曜日の会」は，津波被害にあった浜通りの2つの地区の住民の視点から山元町の復興を考え，学び，活動している住民組織である。

　「土曜日の会」の例会は，午後6時から始まり，1時間半から2時間ぐらいかけて，町のさまざまな情報の共有をはかり，そうした情報をもとに「いちご新聞」の紙面内容を決めていく。そのほか，山元町の復興支援にかかわっているボランティア団体との交流も行われる。

　表3は，「いちご新聞」に掲載された「土曜日の会」が実施した調査活

第 8 章　地域の自治を志向する住民の学び

表 3　「土曜日の会」の学習活動および関連行事等―「いちご新聞」記事より―

掲載号（発行年月日）	見出し
第 1 号（平成 24 年 6 月）	いちご新聞創刊　復興を考える「住民の会」
第 4 号（同年 9 月）	花釜区・笠野区における住宅地の現状調査について【結果報告】
第 7 号（同年 12 月）	第 1 回山元町浜通り復興まちづくりワークショップ
第 9 号（平成 25 年 2 月）	第 2 回山元町浜通り復興まちづくりワークショップ
第 10 号（同年 3 月）	第 3 回浜通りまちづくりワークショップ
	地域の憩いの場に　みんなの図書館オープン
第 11 号（同年 4 月）	山元町ふれあいトーク　イン震災復興土曜日の会
第 13 号（同年 7 月）	シリーズ①『住民アンケート調査が語るもの』～被災状況と住まいの再建への意向～
第 14 号（同年 8 月）	第 4 回山元町浜通り復興まちづくりワークショップ
	シリーズ②「住民アンケート調査が語るもの」～住まい再建への願いと現実～
第 15 号（同年 9 月）	シリーズ③「住民アンケート調査が語るもの」～地域生活の変化と地域再生への意向～
第 17 号（同年 11 月）	第 5 回　復興まちづくりワークショップ「まちづくりビジョンを考えよう」
第 19 号（平成 26 年 1 月）	みんなのとしょかんだより　新たな施設「じいたんドーム」が完成
第 21 号（同年 3 月）	復興まちづくり「住民提案」を町当局に提出（3 月 24 日）
第 24 号（同年 6 月）	前例に学ぶ　北海道奥尻島訪問学習実施について
第 29 号（同年 11 月）	地域防災について考える―じいたんドームにて―
	奥尻島訪問学習報告　第 1 回
第 30 号（同年 12 月）	中越訪問学習会
	奥尻島訪問学習報告第 2 回
第 31 号（平成 27 年 1 月）	震災復興訪問学習報告　第 3 回　中越大地震　小千谷市十二平地区・塩谷地区
第 36 号（同年 7 月）	災害危険区域・現地再建に関するアンケート調査　集計結果報告
第 37 号（同年 8 月）	災害危険区域・現地再建に関するアンケート調査　自由記述についての回答結果報告

動，ワークショップ等の学習活動にかかわる記事タイトルを示したものである。

第4号に掲載された「花釜区・笠野区における住宅地の現状調査について（結果報告）」は，「土曜日の会」が東北工業大学建築学科震災復興支援室の協力を得て，今後の住まい・まちづくりに活用することを目的として実施された。対象者は663世帯であった。

調査結果については，第4号が住宅地の現状，第13号，14号，15号では震災後の暮らしの実情と生活再建や地域復興への意向が報告されている。花釜区と笠野区の第1種，第2種の「災害危険区域」に指定された地域にあってもなお，現地や隣接した場所に住む意向を持つ人が3割強存在することが明らかとなった。また，町が進める災害公営住宅への居住希望が14%，町の集団移転地へ移ることを希望する住民が9%であった。現地に住むことを選択した理由には，経済的事情が大きいことが指摘されている（第14号）。「地域生活の変化と地域再生への意向」（第15号）では，JR常磐線再開の遅れの影響による移動時間の増加等の理由から住民の他町村への流出が続いている現状に歯止めをかける必要性に言及しつつ，「震災によって生まれた新たな交流を地域再生につなげていくことも，将来を見据えた地域の課題」であると指摘している。

「土曜日の会」は，住民対象のアンケート調査を実施するとともに，5回のワークショップを開催して，浜通り地域の再建に向けて住民の意向を集約する作業に取り組んだのである。

(2) **復興まちづくりワークショップの開催**

「土曜日の会」は震災から1年半が過ぎた平成24年11月に，浜通りの住民に参加を呼びかけてワークショップを開催した。

表4は，各回のテーマを示したものである。第1回のテーマは生活の現状を交流し，今後の生活についての期待が話し合われた。第2回は生業の再建，第3回はコミュニティの再生，第4回は地域防災，第5回は復興まちづくりビジョンについてであった。ワークショップは午後1時ごろからはじまり，4時過ぎに終了する。毎回，ワークショップの冒頭で，研究者や「土曜

表4　土曜日の会 ワークショップ

回	開催年月日	参加者数	テーマ及び内容
第1回	2012年11月24日	約30名	テーマ：震災からこれまでの生活とこれからの生活
			話題提供：復興まちづくりワークショップに期待するもの
			報告：被災状況と住民生活再建に関する調査結果
第2回	2013年2月2日	約30名	テーマ：生業をどうすっぺ
			話題提供：他地域での復興住まい・まちづくりの状況
第3回	2013年3月16日	約15名	テーマ：コミュニティの再生―緩やかなご近所づきあい―
			話題提供：2年目以降に成すべきことは何か
			(1) 地域の「絆」を「希望」へつなげる
			(2) コミュニティ再生の視点と方法
第4回	2013年7月13日	約25名	テーマ：地域の防災・避難について考えよう
			話題提供：「津波警報発令時の避難状況調査」の結果について
			話題提供：『共助の村』をたてなおす
第5回	2013年10月20日	約20名	テーマ：復興まちづくりビジョンについて話しあおう
			報告：住民提案による「復興まちづくりビジョン」の概要
			話題提供：浜通りの住まいと避難計画

日の会」会員からテーマに応じた話題提供が行われた。例えば，第1回では，東北工業大学の研究者から「住民の生活再建地域復興の意向に関するアンケート調査」の結果が報告された。話題提供の後，参加した住民が4～5のグループに分かれて話し合いを行い，最後に各グループで出された意見やアイディアを模造紙1枚にまとめ発表するのである。

「土曜日の会」は，ワークショップを実施するほかに，平成24年12月に

起きた東日本大震災の余震とみられる地震発生時に住民がどのような対応を取ったのかを，東北大学災害科学国際研究所の協力を得て，「津波警報発令時の避難行動調査」を実施している。

こうしたワークショップの成果や調査結果をふまえ，平成26年1月に，「土曜日の会」会員が中心となって，住民提案『山元町浜通り復興まちづくりビジョン～たおやかな風土に育まれる町～』が作成されたのである。

(3)『まちづくりビジョン』の提案

住民提案では，基本方針として以下の5点を示している

1) 安心・安全な住まいとまちづくりをめざす
2) 住民が主人公になる将来プランを作成する
3) 山元町での生業（仕事）と生きがいが再構築できる提言にする
4) 実現に向けて行政と共に協力できる案にする
5) 広く意見を取り入れた行政区公認の提案にする

この基本方針のもとで，「震災復興に向けた課題と取り組みの方向」が(1)仕事と住まいについて，(2)土地と都市基盤について，(3)情報化とコミュニティの3つの柱でまとめられた。3つの課題のそれぞれに提示された4項目は，「住民に出来ること・しないといけないこと」と「行政に提言すること・お願いすること」にわけられて提案されている（表5）。

例えば，「C　情報とコミュニティ」の「C1　コミュニティ」では，住民側の取り組むこととして「隣組の再編急務」・「伝統行事の継続実施」，そして行政側が取り組む課題として「行政区単位での移転」・「まちづくり協議会」であった。

ワークショップやアンケート調査を通じて住民の意向を集約し，「土曜日の会」会員が例会での検討を経て作成されたのが「まちづくりビジョン」である。この「ビジョン」は，「たおやかな風土に育まれる町」を目指す提案であった。この提案は，平成26年3月24日に町長に直接手渡された。行政と連携・協力して，山元町の復興・再生に取り組むことを表明したが，町側からは回答がないままになっている（平成28年6月末現在）。

表5　課題項目とその解決について

課題	項目	住民に出来ること・しないといけないこと	行政に提言すること・お願いすること
A 仕事と住まい	A1　住まい・住まい方	簡易補修・住宅自力再建・アクセス調整	自力再建・補修への復興事業予算活用
	A2　家族とご近所	健康維持・自治的活動・防災協力	医療福祉環境をより充実する
	A3　産業活性化	農業 漁業など1次産業体験の受け入れ	6次産業化の助成　コンペ実施を予算化
	A4　地域資源	山元町の特性について理解を深める努力	特産品の振興　産直市場・メディアやSNS活用
B 土地と都市基盤	B1　防災・減災	日常的な避難訓練への参加・避難路の確認	防災　減災設備を整備する
	B2　防犯・衛生	地域の清掃活動・ごみの削減	ネズミ駆除などの衛生対策徹底
	B3　インフラ・利便性	私有地を良好に維持管理する（火災対策）	JR常磐線の早期開通・常磐道スマートインター設置
	B4　自然生態系	イグネ等の植栽活動	被災地形の保全とジオパーク化
C 情報とコミュニティ	C1　コミュニティ	隣組の再編急務・伝統行事の継続実施	行政区単位での移転・まちづくり協議会
	C2　子ども環境	地域での見守り・行事への子どもの参加	保育所新設で待機児童ゼロに
	C3　行政協力	積極的な町政への参加	相談窓口　懇談機会を増やす
	C4　情報収集・発信	ミニコミ誌での発信	情報公開と住民説明の強化

5 ▶ 住民提案以降の「土曜日の会」の活動

「土曜日の会」は，住民提案を作成した後，復興のあり方を検討するため，過去の地震被災地復興の前例から学ぶ視察を実施している。視察地は，北海道南西沖地震（平成5年7月）による津波被害を受けた奥尻島（平成

26年10月3～5日　11名参加）と新潟県中越地震（平成16年10月23日）で被害を受けた小千谷市十二平地区，塩谷地区（平成26年11月29～30日　13名参加）であった。

　奥尻島ではボランティアから説明を受けている。その説明によると，震災当時の町長は復興にあたって「住民宅を個別に訪問して話を聞きながら，漁師には船を，農家にはトラクターをというように住民に寄り添った生活再建の視点を大切にした」とのことであった。このような復興行政が，「震災による人口流出を最小限に防ぎ，被災後4年半という期間で「完全復興宣言」を果たせた奥尻島の大きな原動力なのだ」（以上，「いちご新聞」第29号）と，視察に参加した山元町民は受け止めている。

　小千谷市では，「十二平を守る会」の代表と塩谷地区の元町内会長から話を聞いている。十二平地区では集団移転に至るまでに，「地区の寄り合いを重ね，集団移転に向けての合意形成を図っていった」という話を聞いている。また，塩谷地区でも，「住民の結集のため復興委員会を立ち上げ毎晩のように会議を続けた」こと，その過程で住民の悩みや葛藤があり「各々の事情を尊重し20戸が現地に残り，28戸が各種移転の道を選んだ」（以上，「いちご新聞」第31号）という話を聞いている。

　2つの視察[11]を通じて，参加者は地域住民の合意を形成することの大切さと行政の果たす役割を学んだのである。

6 ▶ おわりに

　本章では，東日本大震災の被災地である宮城県亘理郡山元町の復興を考える住民団体「土曜日の会」に焦点をあてて地域の自治を志向する住民の学びについて検討した。

　行政が進める方向とは異なる復興のあり方を模索する住民団体に対して，行政からの支援が望めない状況にあって，生涯学習課や公民館等の社会教育機関も震災復興は他の部門が対応しているという姿勢をとっている。こうした地域にあっては，やむにやまれず集まった少数の住民が声をあげ，その声に共鳴する地域住民が参加して「土曜日の会」という住民団体が発足したの

である。「土曜日の会」は，山元町の復興にあたっては，住民のニーズを捉え住民が参画した復興計画づくりを目指して活動している。

「土曜日の会」には，地区の副区長，地区内の寺社の住職，IT 技術者，研究者，主婦など多様な人材が参加している。そのほか大学，研究機関に所属する建築学，地域計画，農学，福祉学，教育学などの専門家集団が継続的に支援を行っている。

「土曜日の会」が中心となってつくりあげた「山元町浜通り復興まちづくりビジョン」や東日本大震災以前の被災地の復興の取り組みから学ぶ視察活動は，「地域学習」の取り組みといえる。「地域学習」とは「地域課題を分析し，共同で解決しようとする住民相互の話し合いやプロジェクトの実現にむけた創意工夫，歴史文化的資源の掘り起こし，商品開発技術や起業ノウハウの習得などを通して，地域の再生，地域文化の継承，地域の環境・歴史資源の保全と活用をめざす」[12] 取り組みである。

本章でみてきたように，山元町の浜通り地域では「土曜日の会」を中心とした多様な人材のつながりと専門家集団のネットワークに支えられた「地域学習」活動を通じて，住民の中に「地域の自治」を担う力量が形成されているように思われる。

注

1) 山下祐介「隘路に入った復興からの第三の道」『世界』岩波書店，No.867，2015 年 4 月，p.84。
2) 『世界』No.671，2000 年 2 月，pp.134-135。
3) 山元町震災復興企画課「山元町の震災復興計画と事業の取組状況について」2015 年 6 月の資料より。
4) 山元町誌編纂委員会『山元町誌　第三巻』2005 年，pp.23-24。
5) 前掲山元町震災復興企画課資料。
6) 山元町危機管理室『希望と笑顔が輝くまちへ』2013 年 3 月，p.24
7) 前掲山元町震災復興企画課資料。
8) 「山元町の社会教育の現状」については，岩佐　勝社会教育主事（副参事）からご教示いただいた。平成 27 年 8 月 2 日ヒアリング。ヒアリング記録は『平成 27 年度山元町巡検報告書』（筑波大学人間系生涯学習・社会教育学研究室）に所収されている。

9) 前掲『希望と笑顔が輝くまちへ』p.7。
10) 本稿では住民の学びに着目するため，山元町の進めるコンパクトシティ構想を中心とした復興事業についてはふれていない。
11) 視察はトヨタ財団の助成を受けて実施された。
12) 佐藤一子編『地域学習の創造―地域再生への学びを拓く―』東京大学出版会，2015年，p.2。

地域福祉を支える担い手とその学び
―3.11 震災・被災体験者の語り―

結城　俊哉

1 ▶ はじめに

　本章では，地域福祉の基盤となるノーマライゼーションの考え方，福祉コミュニティ形成の担い手である主体的住民の果たす役割と居場所の意味について述べる。さらに，地域の〈つながり〉を「ソーシャル・サポート・ネットワーク」や震災復興・再生で語られる「エンパワーメント」や「リジリエンス」と「ソーシャル・キャピタル」をめぐる今日的課題について被災者の語りを手がかりとしながら一緒に考えてみたい。

2 ▶ 地域福祉の基盤となるもの
　　〜ノーマライゼーション思想が問いかけること〜

(1) ノーマライゼーション思想の展開過程
　　〜共生社会と共生文化をめぐって〜

　戦後，世界的に障害者福祉にとどまらず社会福祉のあり方に極めて大きな影響を与えた思想に，「ノーマライゼーション」(normalization) という考え方がある。

　この考え方の基本は，多様な障害を含む人々が共生するコミュニティを実現することの意義を提唱する思想である。この思想は，ノーマライゼーションの父として今日位置づけられているデンマークの社会省担当行政官であったバンク=ミケルセン, N.E. (Bank-Mikkelsen, N.E.) の人生[1]にその起源がある。彼は，当時の障害者施設ケアのあり方に問題意識をもつ「知的障害者親の会」との交流を通して，「ノーマライゼーション」の考え方を基盤した

「知的障害者福祉法」（1959年）の作成に関わったことで知られている。

　彼自身の思想的背景には，敬虔なクリスチャン・ファミリーで育ったこと，第2次世界大戦時，青年期の彼は反ナチスのレジスタンス運動への参加及び，強制収容所での経験から，「平和・平等・人権・生命の尊厳」の大切さを実感し，その思いを生涯持ち続けた平等博愛主義者であった。

　つまり，「ノーマライゼーションとよばれる理念／思想／哲学」（＝多様な人々が生活する共生社会実現の考え方）は，世界の社会福祉の基本理念に大きな影響を与えたことは間違いのない事実であり，彼の生き方（生涯）そのものが結晶化された考えであるととらえるならばより深く理解することができるのである。

　そしてさらに，このノーマライゼーションという思想は，1963年スウェーデンの知的障害（児）者連盟のニィリエ，B.（Nirje, B.）によって「理論化・体系化」されることになる。その要点[2]は，1.入所施設におけるケアの限界を指摘，2.障害者の人権・生活の質（QOL）・平等の視点を明確化，3.「ノーマルな…」，「可能な限り…」を具体化／具現化する方法の明示を打ち出したことである。彼自身，最終的には，「構造化されたノーマライゼーション原理」（2003年版）の8要素（構造）として，「1.ノーマルな一日のリズム，2.ノーマルな一週間のリズム，3.ノーマルな一年のリズム，4.ノーマルなライフサイクル（親の危機・幼児期・学童期・成人期・老年期），5.ノーマルな自己決定の権利（市民としての参加），6.生活している文化圏にふさわしいノーマルな性的生活のパターン，7.生活している国にふさわしいノーマルな経済的パターン，8.生活している社会にふさわしいノーマルな環境面の要求」を提示した。

　つまり，ノーマライゼーションの原理は，「1.（個人の）選択の自由を保障する。2.自己決定の権利を尊重する。3.人道的で平等主義的な価値観を重視する」という概念へと体系化されたのである。そして，個人が他者と異なるままでいること（相互の違い）の権利を尊重するという考え方を概念化・体系化することで，知的障害（児）者にとどまらず障害者処遇（ケア）のあり方の資質の向上に多大な影響を及ぼしたのである。

　その後，1970年代以降のアメリカにおいて，ヴォルフェンスベルガー，W

(Wolfensberger, W.) が，ノーマライゼーションの考え方のさらなる具体化（具現化）に向けて，彼独自の理論展開を行った[3]。

具体的には，対人処遇に関わる多くの人々へ啓発活動の実施は，「少なくとも，障害者の行動を可能な限り豊かにしたり，高めたり，支持したりするために，平均的な市民と同じ生活状態（収入・居住・保健サービス）を可能にするための〈文化的に通常〉となっている諸手段（価値ある技術・道具・方法）を利用することである」として従来からの標準（ノーマル）から外れた人々を逸脱者としてとらえる視点への問題提起であり，かつ挑戦でもあった。このことは，（障害・高齢等で）社会的価値を低められている人達のために，価値のある社会的役割を作り出し，支持したのである。つまり，彼のノーマライゼーションの視点は，差別・偏見を余儀なくされている社会的弱者（障害者）の「社会的イメージと能力の向上を目指す」ことなのだとして，後に彼自身の考え方を「ソーシャル・ロール・バロリゼーション（SRV）」[4] と命名したのである。

その後，ノーマライゼーションの考え方は，世界的に広がり，「知的障害者の権利宣言（国連）」（1971年），「障害者権利宣言（国連）」（1975年），「国際障害者年（国連）」（1981年）のスローガン「完全参加と平等」へと結実していく。

さらに，その後，世界で最初の障害者差別禁止をメインテーマとする「ADA法（Americans with Disabilities Act：障害をもつアメリカ人法）」（1990年）が誕生した[5]。この法律は，障害者に挑戦する機会（チャンス）の平等性と社会参加促進の保障を目指し，障害者は，就労できる環境や機会が整備されれば，福祉サービスの「消費者（＝受益者）」から，「納税者」にもなれるのだという意味が込められていたのである。

日本では，このような世界の動向に突き動かされながら，従来までの「心身障害者対策基本法」（1970年）が抜本的に改正され「身体・知的・精神」の障害という3障害を一体化して障害者と認知する「障害者基本法」（1993年）が誕生した。

(2) 地域福祉の起源としてのセツルメント活動，そしてコミュニティ・ワークの実践

　次に，地域福祉の起源（これは，「社会教育実践」とも重なり合うもの）の一つとして「セツルメント（settlement）活動」とは何かについて検討してみたい。その原型は，19世紀末頃から顕在化しはじめた都市社会の底辺を形成していた貧困層の居住地区であるスラム（slum）問題解決のため，そこで暮らす地域住民に対する意識改革を目指した社会運動である。具体的なアプローチとしては，その地域にたいする問題意識と見識のある人間がそのフィールドに住み込みながら，人間的な交流や社会教育を通してその地域福祉問題・社会生活問題の緩和・解決に向けて取り組まれて来た公民館活動ともつながる社会事業の実践活動である。この社会活動は，イギリスの「トインビーホール」（1884年），アメリカの「ハル・ハウス」（1889年），日本の「岡山博愛会」（1891年），「キングスレー館」（1897年）等が社会事業・社会改良運動の起点となったことで知られている。

　これらのセツルメント活動は，マクロ的視点からとらえるならば「コミュニティ・ワーク（community work）」の方法の一つであると位置づけることができる。つまり，コミュニティ・ワークとは，地域における福祉ニーズ・福祉課題を把握し，その問題解決を目指す地域の主体的住民組織の形成と社会福祉協議会や市区町村の行政等の専門支援機関の協働により展開される地域福祉活動のことである。この活動の発展形としては，地域組織化活動（コミュニティ・オーガニゼーション：Community organization）やマイノリティ・グループ（差別・偏見を持たれやすい小集団），例えば，貧困・ホームレス及び失業者・人種及び性差別を受ける人々，近年では，性的少数者 LGBT[6]などの人々が連帯を形成しながらコミュニティにおけるソーシャル・アクション（social action）[7]を展開する動きがみられている。

3 ▶ 福祉コミュニティという考え方
〜「住民主体」とは，何が「地域福祉の推進力」とよばれるのか〜

(1) 福祉コミュニティとは何か

福祉コミュニティという考え方が社会福祉分野において近年，その位置づけが明記されたのは，2000（平成 12）年「社会福祉法」第 4 条（地域福祉の推進）においてである。そこには，次のように記載されている。

第 4 条 地域住民，社会福祉を目的とする事業を経営する者及び社会福祉に関する活動を行う者は，相互に協力し，福祉サービスを必要とする地域住民が地域社会を構成する一員として日常生活を営み，社会，経済，文化その他あらゆる分野の活動に参加する機会が与えられるように，地域福祉の推進に努めなければならない。

この「地域福祉の推進」の基本理念は，「福祉コミュニティ（Community organization for welfare）」宣言といえるものである。これは，先に述べたノーマライゼーションの考え方の具現化を目指したものである。

つまり，地域住民並びに社会福祉のサービスの担い手（福祉行政，NPO，ボランティアを含む等）は，相互に協力し合いながら，福祉サービスを必要とする地域住民を，「地域社会：コミュニティ」を構成する一員として受け入れるということなのである。

つまり，従来からの「在宅（ケア）福祉」か「施設（ケア）福祉」かという二者択一的思考を超えて，そこに住む地域住民，誰もが自分の所属する「居場所」から排除されることのない「地域住民相互による支え合いのネットワーク」としての「福祉コミュニティ」と言える安全・安心でかつ健康で文化的な暮らしが営める居場所及び，参加の場の創設の推進を法律の条文に明示したことは日本の社会福祉の歴史において極めて画期的なことであった。

(2) 「住民主体の原則」がもたらす「地域福祉の推進力」とは

「住民主体の原則」という考え方は,「社会福祉協議会基本要項」(1962年)で提唱され,「新・社会福祉協議会基本要項」(1992)の中で,「住民主体の理念」,「住民活動主体の原則」として明記された「社会福祉協議会」(以下,社協と略す)の組織,活動の原則として知られている。

概要としては,地域における福祉問題の解決,緩和,増進に向けた社協の活動の展開は,地域住民の潜在的福祉ニーズを顕在化させる,と同時にそこに住む地域住民が直面しているコンフリクト状況(＝例えば,地域での福祉施設設置の反対運動,児童・高齢者・障害者へ保育・介護・介助をめぐる虐待問題への対応など)の課題解決の主体者として取り組んでいくことを,社協の事業活動として促進することが基本原則となっている。

そのため,「福祉教育」の重要性に注目する必要がある。つまり,「地域福祉の推進」の担い手をどのように育成することができるのか。少子高齢社会である日本の地域福祉のあり方として,地域住民にその担い手となってもらうことが検討されている。そのためのキーワードとして「共生の福祉文化」の実現のためには「地域福祉の主体形成」の必要性が提示されている。そのための方法論として,従来の福祉教育のあり方が,学校教育の中での取り組みが中心であったことの反省を踏まえて,「地域福祉を推進するための福祉教育」を社協全体の事業として位置づけることが確認されたのであった。その後,全国社会福祉協議会の「地域の福祉力の向上に関する調査報告書」[8] (2006年)の中では,地域における相互支援・活性化における福祉の力－「地域の福祉力」に加えて,福祉の視点を地域作りに導入することで住民の地域支援ネットワーク作りを「福祉の地域力」と表現し,「地域の福祉力」×「福祉の地域力」－「地域福祉の推進力」とすることが提示された。

また,その後,厚生労働省は「これからの地域福祉のあり方に関する研究会」から「地域における『新たな支え合い』を求めて―住民と行政の協働による新しい福祉―」[9] (2008年)という報告書を提出した。

その中では,地域福祉の意義と役割として,地域における「新たな支え合い」(＝共助)を強調している点について注目する必要がある。その背景には,工業化,都市化といった社会の変化,核家族化などの家族の変容により

特に都市部における地域の相互支援力の脆弱化・機能低下が指摘された。さらに農村部における高齢化・人口流出による過疎化による限界集落問題を踏まえつつ多様な生活課題をめぐる福祉問題への対応が山積しているコミュニティの実態への対応策として提示されたものが，地域における「新たな支え合い」（共助）領域の拡大・強化であった。そのための手段として想定されているのが，ボランティア・住民団体・NPO などが明示されており，公的専門支援機関との協働による「互助」で地域住民同士の支え合いをねらっているが，果たして上手く行くかどうかについては，社会福祉協議会を中心とした地域福祉をコーディネートする機関が中心となる。報告書の中では「住民が地域の生活課題に対する問題意識を共有し，解決のために協働することは，地域での人々のつながりの強化，地域の活性化につながることが期待され，その意味で，地域福祉は，地域社会を再生する軸となりうるといえる」と締めくくっている。

　しかし，地域福祉のコミュニティという多様で個別性が大きく，リアリティの持ち難いエリアをターゲットとする福祉支援の方法論として，従来から，「自分の力で何とかする」＝「自助」と「公的な福祉支援機関からの援助」＝「公助」の間に，「同一地域（コミュニティ）の中で暮らす人間同士相互で支えあう」＝「共助」が強調されている点については，「健康で文化的な生活を営む権利」で知られている「生存権保障」は国の義務（＝公助）であると「憲法 25 条」で規定してある。したがって，「つながり・絆」をやたらと強調する「共助」という考え方には，警戒を要するべきなのかもしれない。

4　地域における「コミュニティ」という〈つながり〉について〜社会的排除とソーシャルインクルージョンの関係〜

(1)　「社会的排除」という社会的帰属（居場所）の喪失

　ホームレス問題をはじめとして現代の貧困問題を研究してきた岩田正美（2008）の指摘によれば，「社会的排除（social exclusion）」[10] には，ある種の曖昧さがともなっているという。それは，社会的排除という概念の問題意

識の射程の広がりにあることを指摘している。それは，一人ひとりが抱く社会的排除のリアリティの相違に根ざしているのだと。

つまり，ホームレス問題，貧困（ワーキングプア），障害者，性差別，外国人移住者，被差別部落問題，いじめ不登校，社会的引きこもり，虐待被害者，多重債務問題，犯罪の加害者／被害者，宗教問題，災害（被災者）などのさまざま地域社会問題の基盤としての位置を占める概念としてこの社会的排除がもたらす社会的帰属（居場所）の喪失問題について考える視点は極めて有効なのだ。

(2) ソーシャルインクルージョンと〈つながり〉の基盤

さらに，この社会的排除とセットして理解しておくべき概念が「ソーシャルインクルージョン」（社会的包摂：social inclusion）という考え方である。

この概念について述べるならば，基本的には福祉サービスが必要な当事者の申し込み（申請）と受理から始まる「申請主義」と呼ばれる従来の支援受給方式による社会福祉サービス供給のあり方では，支援の手が届かない社会的排除関係（孤立・疎外を含む）に置かれている人々をコミュニティの構成員として包み込みながら，誰もが一緒に暮らすことができる共生社会・共生文化の実現（ノーマライゼーション）を具体化し地域社会を再構成する方法のことである。

このようにコミュニティの社会的諸問題として社会的排除問題を検討する場合，ソーシャルインクルージョンという概念枠組みを使うことによって地域問題の統合的な理解の可能性が拓けるのである。

5 ▶ 地域福祉における〈つながり〉からの学びとは何か

(1) ソーシャル・サポート・ネットワークという視点

地域福祉における地域支援について語るときの考え方の基盤として，「ソーシャル・サポート・ネットワーク（social support network）」という用語が使われることが多い。このソーシャル・サポート・ネットワークの定義（説明）について，以下に『社会福祉辞典』（大月書店）よりその一部を抜粋し

ておく。

> 社会福祉の実践において形成される地域福祉型，社会的支援のネットワークであり，具体的には，地域社会で暮らしている生活者個人を中心として，その周りにある資源，技術，知識などを共有している人々や団体・組織との，網状かつ重層的な関係を指す[11]。[社会福祉辞典編集委員会（2002）p.348]

尚，ソーシャル・サポート・ネットワークには，公的支援機関（保健・医療・福祉・教育・心理など）の専門スタッフが相談支援を担当するフォーマル・サポート（formal support）と家族や友人，地域住民，ボランティア等によるインフォーマル・サポート（informal support）がある。

地域福祉における〈つながり〉の概念の基本には，このソーシャル・サポート・ネットワークという考え方がある。つまり，地域の中で人と人とが関わり，支援し合える有機的な関係性は，まさに，個人が生まれ，居住することで形成され帰属意識を持つことで社会化され，他者との相互関係を通して社会的関係を構築することのできる地域共同体をコミュニティ（community）と呼ぶことができる。

2011年3月11日東日本大震災以後，盛んに「地域の絆」という言葉が敷衍したが，「絆」という〈つながり〉から3.11以後の日本社会において，同時代を生きる私達の多くは，震災被災者の経験を通して，新たな教訓（＝新たな学び）を得る必要があるのではないだろうか。

例えば，震災という自然災害などの共通するクライシス（危機的状況）に直面した際の振る舞い方がそれまでは，互いに，無関心であった地域の人間関係が一転して，同じ経験をした人間同士の連帯感によって共に避難所や仮設住宅で過ごす時間が紡ぎだす「お互い様」という意識が誕生する。と同時に，その後の個別の復興及び生活再建の格差がもたらす「葛藤や相互のジレンマ」も含めたコミュニティ問題への取り組みの中から人々は，「何か」を学び，今という現在を生きているのだと思う。

(2) 地域支援のためのエンパワーメントとリジリエンス

　地域における相互支援関係（セルフヘルプグループ）を検討する鍵概念としてここでは，エンパワーメント（empowerment）とリジリエンス（resilience）の考え方を手がかりとしてみたい。

　エンパワーメントは，語源的には 17 世紀からの法律用語であり，「権利や権限を与えること」を意味する。戦後（1945 年以降），この考え方は，アメリカ社会において差別される状況下にあったマイノリティ集団の運動（＝黒人の公民権運動・フェミニズム運動）などと連携しながら，社会福祉・保健医療・教育・発展途上国開発へとその概念が拡大して行く。その中心的概念を形成したものが，1976 年にソロモン，B（Solomon, B）が提示した『黒人へのエンパワーメント＝抑圧された地域社会におけるソーシャルワーク』という提示である。その中で，個人の内面的な世界に問題解決の原因を求める従来の専門家主導の援助ではなく，貧困や犯罪・病気が蔓延するコミュニティにおいて人は「無力化＝パワーレスネス」の状態に陥ってしまうことを明らかとした。

　したがって，地域支援の担い手は，このような状態にある人々が抱えている問題を把握し，「問題解決の主体者」になれるように介入支援することの必要性が求められる。そして，その後，社会変革の運動と専門職・官僚制主導の支援への批判が高まり，今日では，当事者の相互支援活動（セルフヘルプ・グループ：self-help-group: SHG）意識の発展を背景に，当事者の潜在的能力・可能性を引き出す介入及び社会環境の変革・整備に向けた主体的問題解決の力を支援するエンパワーメント・アプローチが体系化されてきている。

　さらに，3.11（東日本大震災）の後，「リジリエンス」という心理学用語が徐々に知られるようになってきている。手打・結城等は『3.11 震災後社会におけるリジリエント・コミュニティの基礎的研究』[12] として，このリジリエンス概念を手がかりに被災コミュニティ再生の過程（プロセス）について被災者の生活記録の証言（インタビュー記録）による実証的調査研究に取り組んできた[13]。

　その成果の一部として，リジリエンスとコミュニティとの関係について，

筆者（結城）は，以下のように述べたことがある。

> 心理学的ストレス研究の視点を援用しつつも，人が災害（地震・津波被害）を受けた地域（コミュニティ）で生きる姿の変容を検討する。換言するならば，被災した自己が，地域社会・文化と向かい合いながら生きるまさに，カタストロフィを経験した人間の〈生の語り〉を手がかりに，リジリエンスと呼ばれるストレスを跳ね返し，逆境を生き抜く力（逆境力・回復力）の特徴と基本構造を解明したい[14]。

また，さらに「関東大震災」（1923 年），「阪神・淡路大震災」（1995 年），「インド洋大津波」（2004 年），や「ハリケーン・カトリーナ」（2005 年）における災害復興とソーシャル・キャピタル（social capital）について研究を展開しているアルドリッチ, D.P. はリジリエンスについて，次のような彼なりの定義付けを行っている。

> リジリエンスを個人ではなく共同社会レベルでのネットワーク化によって積極的な適応を達成しようとする，その地域が保有している能力に焦点を当てて定義する。すなわち，リジリエンスとは「連携した働きかけと協力し合って行う活動を通じて，災害などの危機を切り抜け，効果的で効率的な復興に取り組むための地域が持つ潜在能力」である[15]。

以上のことから言えることは，被災地における被災当事者の暮らしの場（コミュニティ）を再生・復興する歩み方，支援のあり方には，このリジリエンスの視点が鍵概念となることだけは確かだということだ。

尚，被災者へのインタビュー調査の際には，被災者が自らの経験を語ることで，震災の傷口にようやく貼った瘡蓋（かさぶた）を剥がすことが無いように私達は，細心の注意が必要だった。

なぜならば，「こころのケア」チームの人々が学んだ「悲惨な体験をその体験直後にカタルシス的に語らせること（デブリーフィング）は，実は，その後の PTSD（心的外傷後ストレス障害）を本人の中に固定化し，心の健康

の自然回復を阻害する」という知見[16]を念頭に置きながら研究を展開したからである。

そのため被災当事者本人が，自らの被災体験を伝えておきたい「思いを語ること」を大切に受け止めながらも，ある場合には，その「語り」による悲惨な体験を内面化し，固定化することが無いように日常生活レベルの範囲に限定しながら「震災時，震災後，震災前」の生活体験の「語り（ナラティブ）」の記録化を実施した。その際の「傾聴」は共感的かつ保護的であること，つまり，「語らせ過ぎないこと」と「聴き過ぎないこと」をインタビューする側の基本的態度の原則とした。

したがって，インタビュー記録の内容の点検作業には，語り手自身による確認作業への積極的な関与と，彼らの求めに応じた加筆修正・訂正作業を行い，場合によっては，「語り」記録の部分的削除や全面的な取り下げへの要望にも応じたのである。

(3) 3.11：東日本大震災の被災者がコミュニティの再生に向けて立ち上がるとき

次に社会福祉の対象者となる貧困者・ホームレス（路上生活者），児童（子ども），障害者，高齢者，病者等は，自然災害の際には，「災害弱者」として2重の深刻なダメージを受ける状況下に置かれてしまうことは，知られている。

ここでは，事例（S氏の場合）の語りを手がかりとしながら3.11復興支援をめぐるコミュニティの再生に向けて立ち上がるときにもたらされた〈つながり／絆〉の発見から「学ぶべき」ことについて，インタビュー記録の一部を抜粋して以下に引用（一部加筆修正した。）紹介をしておきたい[17]。

＊＊＊＊＊＊＊＊＊＊＊＊＊＊＊＊＊＊＊＊＊＊＊＊＊＊＊＊＊
問：3.11大震災の経験をとおして，得たことは何でしょうか？
　　そして，今，ご自分の支えとなっているものは，何でしょうか？
　　　　　　　　　　　　　　　（アンダーラインは，筆者による）
＊＊＊＊＊＊＊＊＊＊＊＊＊＊＊＊＊＊＊＊＊＊＊＊＊＊＊＊＊
そうですね。まずは，<u>地域のコミュニティ（への意識）がより強固となっ</u>

た点，震災後の人とのつながりですね。さらに，役場・行政への関心と，つながりが広がったことかな。それと，自分の中での地域社会，コミュニティというのでしょうか…そこへの関心が広がって，地域で今まで当たり前だと思えていた文化・行事（お祭り）なんかがとても大事なことに思えてきたことかな。そして，F寺という被災した地域住民の集える場を得て「Y町の復興再生を考える会の当事者仲間」のメンバーとの出会いが生まれたことですかね。
（語りのコード：郷土への愛着・仲間の発見・共有する目的・ソーシャル・キャピタルとしての絆の発見）

　そして，これは，個人的なことかもしれませんが，震災の3年前に癌を患って自分の人生が終わったと思いながら闘病して幸いにも生命を拾ったという体験と，さらに父親の死を経験してから半年経ってホッとした頃に3.11大震災でしたから，今の自分を根底で支えていることは，震災という衝撃的な経験をした時に，「自分がやるべきことと向き合うこと，向き合わざる負えなくなる」状況の中で，考え込んでいるよりも行動せざるを得ない状態に置かれたことによって自分のこれから取り組む，挑戦するべきことができて何となく強くなって来たように思います。

　最後に，津波で流された故郷を取り戻すというなんだか大袈裟かもしれませんが，今は，ミッションというか使命を得たことですかね。
（語りのコード：自分の強さの自覚の原点としての癌との闘病生活・父の死の乗り越えと震災に向き合いながら故郷の復活というミッションへの覚醒）
＊＊＊＊＊＊＊＊＊＊＊＊＊＊＊＊＊＊＊＊＊＊＊＊＊＊＊＊＊＊
【事例（S氏の語り）からの学びとしてリジリエンスの構成要件】
　このインタビュー記録は，後半最後の部分からの抜粋引用（一部加筆修正）したものだが，1）郷土への愛着の再確認，2）仲間の発見と共有する目的の自覚，3）ソーシャル・キャピタルとしての絆の発見，4）自分の強さの自覚の原点としての癌との闘病生活と父の死の乗り越え体験，5）震災に向き合いながら故郷の復活というミッションへの覚醒，等という「語りのコード」を概念として導き，KJ法（質的研究の分析方法）によるカテゴリ化を試みるとS氏の今，現在を生きるリジリエンスを構成する以下の4要件と

メイン・カテゴリー	サブ・カテゴリー	語りのコード
被災地における生活の再建・復興への課題と向き合う(A)	危機状況に直面した体験から自己認識の深化	＊人生，最大の危機としての癌闘病生活・父親の死等の喪失体験と乗り越え4) ＊自分の強さの自覚の原点としての癌との闘病生活4)
危機状況の乗り越えがもたらす自己効力感の涵養(B) 故郷復活へのミッション(使命)の自覚化(C)	故郷復活へのミッション(使命)の自覚化	＊人生のミッション(自分がやるべき使命)を発見し，前向きに挑戦する気持ちへの転嫁5) ＊震災に向き合いながら故郷の愛着の再発見1)
仲間との出会い・ソーシャル・キャピタルとソーシャル・アクションから絆(きずな)の発見(D)	ソーシャル・キャピタルとしての絆(きずな)とソーシャル・アクションする仲間との出会いがもたらす力	＊ソーシャル・キャピタルとしての絆の発見3) ＊地域住民とのソーシャル・アクションへの期待と仲間(同志)との出会い2)

して「(A) 被災地における生活の再建・復興への課題と向き合う，(B) 危機状況の乗り越えがもたらす自己効力感の涵養，(C) 故郷復活へのミッション(使命)の自覚化，(D) 仲間との出会いとソーシャル・キャピタルとソーシャル・アクションから絆(きずな)の発見」として語りから4つのメイン・カテゴリーを抽出してみることができた。

(4) ソーシャル・キャピタルとしての〈つながり〉からの学び

　地域福祉をテーマとする本章では，ここまで述べてきたことを総括する鍵概念として「ソーシャル・キャピタル(social capital)」としての〈つながり〉からの「学び」について検討しておきたい。

　本章のテーマである「地域福祉」(community development and community work)それ自体が多義的概念を伴うものだが，ここでは，「地域住民が主体的にその場を共有しながら人々が交わり・集い・帰属意識を持つことができる有機的で地縁的な居場所として〈つながり〉のコミュニティの基盤作りの地域活動の総称である」としておきたい。

そしてこの場合の地域活動を読み解く鍵概念として「ソーシャル・キャピタル」と呼ばれる視点が必要不可欠であると考えてみたい。
　ソーシャル・キャピタルについては、『現代社会福祉辞典』[18]（2003）（一部抜粋）によれば、以下のような記述がなされている。

> 　近年、社会資本が注目されるのは、従来の意味としてではなくソーシャル・キャピタル論として、また、社会関係財というような意味で用いられる。このような社会開発論などで用いられるソーシャル・キャピタルは、1990年代頃から世界銀行などの議論を通じ広まったが、もともとは、社会学者などが唱えていたものである。「慈善、仲間、相互の共感、グループ内の社会的交流」といった社会学的定義から始まり、「個人に信頼や規範、ネットワークといった目に見えないが成長や開発にとって有用な資源で、経済的資源と同様、計測可能かつ蓄積可能な資本として位置づけたもの」といった説明がなされる。［秋元・大島・芝野他（2003）p.189］

　つまり、3.11の東日本大震災以後、震災地域で生きる人々はまさに、日々その問題と向き合わざるを得ない状況にあるのだが、地域福祉におけるソーシャル・キャピタルが明示する「仲間・信頼・相互の共感・目に見えないネットワーク」は、地域住民による「相互支援（扶助）関係」（日本では古くからある「お互い様の精神」に近い人間関係）という〈つながり〉を手がかりとして地域の中に顕在化もしくは潜在化している福祉に関心を持つことである。と同時に「個別の生活問題」を「相互に学び合う」ことでその問題がもたらしている「社会問題」を共通認識する場がコミュニティの現在と未来を豊かにして行く力（パワー）が生み出され、回復力/復元力を涵養する主体的な地域住民を育成して行くまさに、「リジリエント・コミュニティ」としての福祉コミュニティへの道が拓かれて行くのだと思う。

6 ▶ おわりに

　最後に，2015（平成27）年は戦後70年という節目の年であった。特に，さまざまなメディア報道を通して，各地域で暮らす市民の草の根的な「平和への願い・民主主義とは何か」に向けて運動が活発に展開された。僕は，『世界全体が幸福にならないかぎりは，個人の幸福はありえない』という宮沢賢治の言葉を，ヒントに「地域（コミュニティ）という，みんなの居場所が平和で幸福でなければ，自分の居場所の平和と幸福はありえない」という言葉を念頭におきながら書き進めてきた。そして，〈つながり〉という大地とそこから得ることのできる「学び」という果実がもたらす，その「豊かな味わい」について，本章及び本書全体を通して，是非ともその手応えを得て欲しいと願っている。

注

1) 花村春樹『［増補改訂版］「ノーマリゼーション」の父，N・E・バンク－ミケルセン：その生涯と思想』ミネルヴァ書房，1998年。
2) 詳細は，ベンクト・ニィリエ著　ハンソン友子訳『再考・ノーマライゼーションの原理』現代書館，2008年を参照のこと。
3) Wolf Wolfensberger., The Principle of Normalization in Human Servicer, Canada: National Institute on Mental Retardation, 1981.（＝ヴォルフェンスベルガー著／中園康夫・清水貞夫編訳『ノーマリゼーション：社会福祉サービスの本質』学苑社，1982年）
4) Wolf Wolfensberger., A Brief Introduction to Social Role Valorization a High-Order Concept for Addressing the Plight of Socie-tally Devalued People, & for Structuring Human Services.: Syracuse University, 1994.（＝ウルフェンスバーガー，W. 著　冨安芳和訳『ソーシャルロールバロリゼーション入門―ノーマリゼーションの心髄―』学苑社，1995年）
5) ADAが成立するまでのプロセスについては，ジョセフ，P. シャピロ著　秋山愛子訳『哀れみはいらない―全米障害者運動の軌跡―』現代書館，1999年が参考となる。
6) LGBTは，「レズ・ゲイ・バイセクシュアル・トランスジェンダー」の略である。
7) ソーシャル・アクションには，社会的弱者（障害者やハンデキャップのある人々）への介入支援と対象者の福祉的ニーズを実現するための社会的資源の整備や調整等の支

援を通して当事者の自立生活実現を可能にする援助形態のことを言う。
8) 全国社会福祉協議会編「地域の福祉力の向上に関する調査報告書」2006年。
9) 「これからの地域福祉のあり方に関する研究会」編「地域における『新たな支え合い』を求めて―住民と行政の協働による新しい福祉―」厚生労働省，2008年。
10) 岩田正美『社会的排除：参加の欠如・不確かな帰属』有斐閣，2008年。
11) 社会福祉辞典編集委員会編『社会福祉辞典』大月書店，2002年，p.348。
12) 2013年度～2016年度：科学研究費助成事業「萌芽的挑戦的研究：JSPS科研費（25550100）」
13) この調査研究の成果については，2017年3月に科研報告書としてまとめられる予定となっている。
14) 結城俊哉「被災当事者の『生活経験の語り』に関するリジリエンスの構成要件の検討」，『立教大学 コミュニティ福祉研究所 紀要No.2』2014年，p.98。
15) Daniel P. Aldrich., Building Resilience-Social Capital in Post-Disaster Recovery, Chicago and London: The University of Chicago Press, 2012.（＝D.P. アルドリッチ著／石田祐・藤澤由和訳『災害復興におけるソーシャル・キャピタルの役割とは何か～地域再建とレジリエンスの構築』ミネルヴァ書房，2015年，p.9.)
16) 香山リカ「第10章 亡くなった人への思慕をどう乗り越えるか」，『執着生きづらさの正体』発行＝集英社クリエイティブ／発売＝集英社，2015年，pp.186-203。
17) 結城俊哉「被災当事者の『生活経験の語り』に関するリジリエンスの構成要件の検討」，『立教大学 コミュニティ福祉研究所 紀要No.2』2014年，pp.107-108。
18) 秋元美世，大島巌，芝野松次郎他編集『現代社会福祉辞典』有斐閣，2003年，p.189。

障害者の地域における自立を支える親の役割

橋田　慈子

1 ▶ はじめに──誰が「自立」の受け皿を作ってきたのか──

　障害のある人の地域における「自立」は，どのような人びとの学習を通して実現していくのだろうか。本章では，知的障害[1]のある子どもを持つ「親」の学習に焦点を当てて，親たちの展開する学習と知的障害者の地域での自立との関係について考えていきたい。

　知的障害者の地域における自立に関して，これまでの社会教育学研究や実践の文脈では，障害者青年学級の実践が注目されることが多かった。障害者青年学級は，障害のある青年の生涯にわたる学習権保障，余暇保障の取り組みとして，1960年代から今日に至るまで実施されており，多くの研究が蓄積されている[2]。しかし，「地域福祉」[3]の理念に掲げられている「地域での自立」を考えたとき，知的障害者の学習権を保障するのみでは不十分であることは，想像に難くないだろう。障害のある人の「地域での自立」を進めるためには，同じ地域で暮らす「健常者（本章では住民と表記する）」の理解を促す実践も重要になってくると考えられる。すなわち，障害のある人とない人，両方の学習が求められるのである。

　本章で焦点を当てる知的障害者の場合には，1970年代まで義務教育を猶予あるいは免除されており，長らく親の庇護のもとに置かれてきた。その歴史は，1900年（明治33年）まで遡ることができる。日本では明治期以来，「経済的に自立できない」とされた知的障害者が義務教育の対象外となり，その親が面倒を見ることが当たり前と考えられ，「家族扶養主義」の福祉政策が採用されてきた[4]。このような福祉政策が採られてきたこともあり，知的障害者は，1970年代まで公教育機関に通うことなく，在宅生活を送るこ

とが余儀なくされてきた。

　知的障害者の扶養義務を引き受けてきた親たちは，第二次世界大戦が終わった後，1952年に「精神薄弱児育成会（以下，育成会）」[5]を結成し，学校に通えずにいた知的障害者の教育権の獲得を進めて運動を展開していった。育成会は，東京都の3人の親がセルフヘルプ・グループとして活動を開始していったが，徐々に活動の輪が拡がり，教員や官僚，医療関係者などとのネットワークを構築していった。とりわけ，地域に作業所を作る運動のプロセスでは地域に暮らす住民との学習も展開された。ここでは，親たちの展開した「作業所設置運動」に焦点を当て，こうした運動がどのような人びとの学習プロセスを経て，進んでいったのかを検討する。

2 ▶ 知的障害者の就労の問題

　高度経済成長期以前，知的障害者の多くは家内工業的職場で働いていた。しかし，こうした職場は経済成長の波に飲み込まれていくなかで次第に姿を消していった[6]。1970年代半ばには知的障害者の多くが学校を卒業した後に「まったくの在宅」を余儀なくされていた。学校卒業後の行き場所がなくて「卒業式が怖い」という親たちの思いが，地域に知的障害者の就労場所を確保する「作業所設置運動」につながった[7]。

　1969年に名古屋市で誕生した日本初の福祉作業所「ゆたか共同作業所」も，こうした状況を不安がる親たちの思いから生まれていた。当時，名古屋市では，1960年代前半から特殊教育振興策によって市内に80をこえる特殊学級が設置されていた[8]。特殊学級の卒業生のなかでも，軽度の障害者は比較的多くが就職することができていたが，彼らの中にも就職先になかなか定着することができず，職場を転々とする者が数多くいた。また，障害の程度が重い中度・重度の「ちえおくれ」の者は，採算にあう労働が見込めないという理由から，卒業しても就職できずに家庭で保護されているという状況にあった[9]。そうしたなかで，「雇ってくれる人がいないので職場を作るしかないという発想」が親の中に生まれていき，親と教員がともに協力して，地域の中に共同作業所を作り出すこととなった。

育成会の刊行する機関誌『手をつなぐ親たち』には，共同作業所の取り組みが紹介されていた。1975年に機関誌では「就労の問題」という座談会が企画され，「現代社会の企業活動のものさしに合わない」知的障害者の働くことができる作業所を，自力で作り出す運動に取り組む必要があるという提言がなされていた[10]。こうした提案があった後，育成会やその下部組織である親の会に参加する人びとは，作業所設置運動を本格化していった。

3 ▶ 作業所設置運動を通した地域における〈つながり〉の創造

東京都世田谷区で初めて作られた民営作業所「白梅作業所」は，もともと，知的障害者の就労の問題に対する親の会参加者の心配を発端にして始まっていた。「世田谷区手をつなぐ親の会」に所属しながら白梅作業所の設置に携わった親Aは作業所を始めた時のことを次のように振り返っている。

> 皆，（卒業後に―筆者注）出るところがなくてね。一丸でしたよね，あの頃はなにより「作業所」って。区はどうしていいかの方向性が分からなかったんでしょうね[11]。

白梅作業所の設置された1976年は，まだ障害者の働く作業所を区内に設置した前例がなかった。そのため，親は手探りで，地域の住民の協力を仰ぎつつ，民営の作業所を設置・運営していくこととなった。白梅作業所は開設当初，地域の商店街のなかに設置されていたこともあり，商店街を使う住民と親がともに「準備委員会」を作り，地域に障害のある子どもの働く場所を創造していった。また，白梅作業所には開設当初から地域の大学生による体操教室が毎週開催されていたり，近所の農園の野菜の収穫・販売を実施したりして，作業所を中心にした知的障害者と地域住民との〈つながり〉が構築されていった。

こうした白梅作業所の草の根の実践が，徐々に福祉行政の職員や議員から評価されていったという。作業所の所長を務めてきた親Aは当時，福祉行

政の職員からかけられた言葉を，次のように振り返っている。

> 部長さん，X部長がよく言っていましたよ，「ああ，知的障害の子がこういう方法でこういうふうにしてあげれば（就労―筆者注）できるんだという先の見通しができたから，区立の保護就労の事業に踏み切れたんですよ」って言われましたね。「親が実践して（きたから―筆者注）できたんですよ」と言われてね。

親と地域住民の間で取り組まれてきた実践があったことで，世田谷区の福祉行政が，公設作業所の運営に踏み切ったのである。白梅作業所が開設されてから4年後，世田谷区では初めて，福祉行政のもとで公設の作業所が3つ誕生し，知的障害者の就労場所が公的に作り出されていった。

ただ，地域に公設の作業所を設置するプロセスでは，しばしば住民の「反対」を受けることもあった。しかし，そうしたなかで親たちは「反対運動している商店街の人たち」とも話しあいを行い，障害のある人の働き方について理解してもらう努力を重ねていった。

> Y作業所も反対がすごくてね，一年はもめるんですよ，必ず。商店街を通っちゃいけない，こういう子は見たくないって。それでも私たちはこの（区立福祉―筆者注）センターで話しあいに入りましたよ。反対運動している商店街の人たちとね（中略）。白梅の作業所で皆がちゃんと働いていますよって，具体的に色んな人たちのね，良い面をお話しして，何も心配はいりませんってお話しして。

こうした住民との対話を積み重ねることによって，反対運動があった一年後には「なんとか話し合いがついた」という。親Aは，作業所の設置や運営をする際には，地域の健常者に対する「啓蒙運動が大きな柱」になっていたと振り返っている。反対運動のあった作業所は，今では反対運動があったとは思えないほど，「地域の人との関係がすごく良い」という。

作業所が地域に設置されることは，知的障害のある人が学校を卒業した

後，施設生活を送るのではなく，自分の生まれ育った地域で働くことができる仕組みが整っていくことを意味していた。

1970年代後半から80年代にかけて，全国に障害のある人の働く作業所（授産施設）の数は増えてゆき，通所者数も増えていった（図2，図3）。

こうした背景には，親の学習や運動のほかにも1970年代に展開された障害者の自立生活運動を通して「施設福祉」批判が高まり，「地域福祉」への福祉政策の転換が起きたことも関係しているだろう[12]。知的障害のある人の地域生活が実現する過程で，作業所の設置も進展していったといえる。

図1　白梅作業所の外観
（世田谷区手をつなぐ親の会
『創立五十周年記念誌』2006年，p.22から転載）。

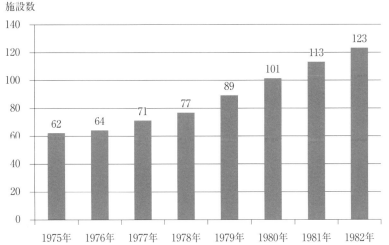

図2　授産施設数の年度推移（日本精神薄弱者福祉連盟『発達障害白書―戦後50年史―』日本文化科学社，1997年，pp.721-723をもとに筆者作成）

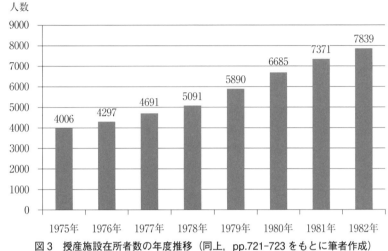

図3 授産施設在所者数の年度推移（同上，pp.721-723をもとに筆者作成）

4 ▶ 作業所設置運動を展開した親たちの学習

　これまで，世田谷区白梅作業所の設置・運営にかかわってきた親に対する聞き取り調査のデータをもとにして，知的障害のある子どもを持つ親が，地域住民との摩擦や葛藤を乗り越えながらも，知的障害者の地域での「自立」を進めてきた過程を検討した。

　知的障害者の親たちは，どのような学習と意識変容を通して，運動の主体に変わっていったのであろうか。ここでは1950年代から70年代にかけて子どもを産み，作業所設置運動に参加していった親A，B，Cの語りに注目し，親の学習過程を明らかにする。

　知的障害者の親は，「健常者」として自らは誕生していながらも，知的障害のある子どもを持つことによって，障害のある子どもと共通の出来事を経験している，いわば健常者と知的障害者との間の「中間的存在」であった[13]。

　表1は，子どもの障害が判明したときのことを振り返った親A，B，Cの語りである[14]。いずれの親も障害がある人についてはよく「分からなかった」，「知らなかった」と当時のことを振り返っていた。親A，B，Cは，子

第2部 〈つながり〉がくらしを変える 145

表1 親A, B, Cによる「告知」時の振り返り
（聞き取り調査をもとに筆者作成）

	障害の告知時に関する親の振り返り
親A	やっぱりこう…（もともと障害者について―筆者注）分からなかったじゃないですか。まずね。
親B	抵抗は感じますよ，最初は。最初から障害でうまれたらそうなりますけど，途中から（中途障害になったの―筆者注）だったらよくなるんじゃないかと思いますよ。
親C	（もともとは―筆者注）「いろんなところに行ったら，いろんなことが歳と共に遅れてでもできるかもしれない」と思っていたんですよ，障害者っていうのを知らないから。

どもの障害について，はじめは「知らない」「分からない」と思っていたが，知的障害のある子どもを持つことによって，彼らとともに，様々な社会的排除の経験を共有することとなる。

例えば，1950年代から60年代に子どもを産んだ親Aと親Bは，知的障害のある子どもが学齢期になったとき，教育委員会から義務教育機関への就学を猶予することを通達されており，通学できるようになってからも就職先のない子どもの問題状況に直面していた。また，1970年代に子どもを産んだ親Cの場合には，就学免除や猶予を免れたものの，学校を卒業した後の進路がない障害者の問題状況を目の当たりにした。親たちは，知的障害のある子どもを持ったことで初めて，親元からの「自立」や，家庭の外にある地域社会への参画を阻まれている知的障害者の実態を認識していったと思われる。

そうした問題に直面した親たちの参加する「親の会」では，学校に通うことができなかったり，就職先がなかったりする知的障害者の問題が共有されていた[15]。そうした親同士の対話を通して，親たちは自らの抱える問題状況を，ほかの親とも共有していった。

親たちは，親の会に参加するなかで，知的障害者を取り巻く問題を抱えているのは，「自分だけじゃない」と考えるようになり（親B），「皆が良い方向に行くため」にどうすればいいかを考えるようになったと語っている（親

表2 親A, B, Cの意識変容に関する語り
(聞き取り調査をもとに筆者作成)

	親の会活動を通して経験した変化
親A	特殊学級に私（の子ども—筆者注）は入っていたけどね，後の方が皆そういう目に遭なければいけないので，とにかくやらなきゃいけないっていうことで，何回も集会をしました。
親B	自分だけじゃないっていうのがありますよね。その中から，どういう風に自分が学んでいくかですよね。
親C	自分だけの時はうちの子がどうするこうするってことばかりだったですけど，会に入ったら，全体の状況を把握して，皆が良い方向に行くためにはどうしたらいいかって考えるようになりましたね。

C）。表2は，親たちが経験してきた意識面・行動面の変化に関する語りを抽出したものである。こうした親の語りからは，親の会への参加前後を通して，親たちの問題意識が自分の子ども個人の問題から，知的障害者全体の問題へと向くようになっていったことが分かる。

知的障害者の親たちは，知的障害者の抱える問題を解決するために，様々な人との〈つながり〉を作ることを欠かさなかった。例えば，知的障害者の就労場所として作業所を作り出していくプロセスでは，区の福祉行政にかかわる区議会議員や職員に協力を仰いでいった。1970年代当時，行政職員は「前例がない」という理由で，知的障害者のための作業所の設置について難色を示していたという。さらに，当時は区議会議員も知的障害者のことを「見たことない」と言い，理解を示していなかった。そこで親たちは，行政の職員や区議会議員を集めて，知的障害者の就労の実態について知ってもらう啓発活動の場を設けていった。

啓発活動を行った理由について，親たちは「やっぱりどうしていいか（行政職員も—筆者注）分からなかったんでしょう」（親A），「障害なんて全然関係ない人が（中略）何をしたらいい」か分からなかったのだろう（親C）と語っている。

先にも述べたように，知的障害のある子どもを持つまで，親たちは行政職員や議員と同様に，「健常者」として生まれ育ってきており，知的障害者の

実態については詳しく知らなかった。そのため親たちは、障害者の問題に関心を払ってこなかったかつての自分の姿を、職員や議員に重ねることができたと考えられる。それゆえに親たちは作業所の設置に積極的に取り組もうとしない行政職員に対して、「こうやれば（作業所の設置・運営が—筆者注）できるじゃないって」「やり方まで教

図4　交流する親の会参加者
（白梅福祉作業所『白梅の花咲く頃に』2006年、p.20から転載）。

え」てあげたのだろう（親B）。親たちが議員や行政職員への啓発活動に取り組んでいったことで、作業所の設置に理解を示す人びとの輪が、親以外の人びとにも拡大していったのである。

障害のある人とない人の中間に位置づき、その両方に共感を示すことのできる「親」であるからこそ、両者の間に〈つながり〉を作りつつ、障害者の地域での自立を支える環境を醸成できたと考えられる。

5 ▸ 知的障害のある子どもを持つ親の意識変容

障害者の親は、なぜ作業所設置運動の主体になってきたのだろうか。その理由には、障害者の親になることで経験した親自身の認識の変化が関係していると思われる。表3は、障害者に対する親の認識の変化を抽出したものである。親たちは、障害のある子どもを持つまでは、障害者についてよく「知らなかった」が、子どもと様々な経験を共有するなかで、障害のある人が「一生懸命生きている」（親C）ことが分かっていったという。そして「一生懸命生きている」子どもの（親C）、「幸せを願」う気持ちは（親A）、ほかの健常者の親とも変わらなかった。

知的障害のある子どもを持ったことによって、親たちは彼らが健常者と同様に一人の人間としての尊厳を持つことを認識していった。このような認識

表3 親A，B，Cの障害者に対する認識の変化に関する語り
（聞き取り調査をもとに筆者作成）

	障害者への認識の変化
親A	実際自分が授かってみて，あの…本当にね，子どもの幸せを願いますよ。障害がいくらあっても。
親B	他の子どもも，こう，分かるようになってきますよね，意識がね。この人（たち―筆者注）の将来を，学校も行かれないし，なんとかしないと，と思って，そういう時には周りの皆のことを考えてやるのよね。
親C	障害はあるけども一人の人間として一生懸命生きているということがよく分かりますよね。だからそれを何とか，支えて，不幸じゃなく虐待に合わなかったりすることを監視するのが親の役割かと思いますね。

を持つことができていたために，親たちは，知的障害者が地域のなかでほかの住民との〈つながり〉を築きながら「自立」できる環境を整えていったのだろう。障害のある子どもへの「共感」が，障害者の地域における自立を支える親の学習の根本に存在していたと考えられる。

6 ▶ おわりに

　障害者に関連する施策は，近年めまぐるしく変化している。2014年には「障害者の権利に関する条約」が日本でも批准され，インクルーシブ教育システムの構築が急務になっている。さらに2016年4月1日からは，「障害を理由とする差別の解消の推進に関する法律」（いわゆる「障害者差別解消法」）が施行された。こうした動きのなかで，障害者に対する差別は，一見すると無くなっているように見えるかもしれない。

　しかし，2016年7月26日には，戦後最大級の障害者に対する殺人事件（「相模原障害者施設殺傷事件」）が起きている。この事件では，知的障害のある人19名が殺害された。

　事件の翌日，知的障害者の親の組織「全日本手をつなぐ育成会連合会（旧精神薄弱児育成会）」は，「障害のあるみなさんへ」というタイトルの声明文を出していた[16]。以下に，その一部を抜粋する。

障害のある人もない人も，私たちは 一人ひとりが 大切な存在です。障害があるからといって誰かに傷つけられたりすることは，あってはなりません。もし誰かが「障害者はいなくなればいい」なんて言っても，私たち家族は 全力でみなさんのことを守ります。ですから，安心して，堂々と生きてください。

　制度・政策の充実の陰に隠された，障害者差別の実態にどう向き合うのか。障害のある人とない人，そしてその家族との〈つながり〉を作り，両者の間に「共感」を生み出していくような取り組みが，制度変革の進んだ今でもなお，求められているといえるだろう。

注

1) 知的障害とは，一般に，「認知や言語などにかかわる知的能力」や，「他人との意思の交換，日常生活や社会生活，安全，仕事，余暇利用などについての適応能力」が同年齢の児童生徒に求められるほどまでには至っておらず，特別な支援や配慮が必要な状態とされる（独立行政法人国立特別支援教育総合研究所「知的障害とは」http://www.nise.go.jp/Cms/13,889,45,177.html（2016年12月28日最終閲覧））。
2) 詳細は橋田慈子「社会教育における障害者の『社会参加』の歴史と変遷」『茗溪社会教育研究』第6号，2015年，pp.26-34。
3) 地域福祉とは「生活上福祉サービスを必要としている人」が「地域での自立が可能になるように援助する横断的なサービスのあり方とそのシステム」のことである（社会教育・生涯学習辞典編集委員会『社会教育・生涯学習辞典』朝倉書店，2012年，p.407）。
4) 「家族扶養主義」とは，生活に困窮した個人はまず家族によって救済されるべきであり，それが不可能な例外的場合のみ，国家が支援するという考え方である（杉野昭博『障害学―理論形成と射程―』平文社，2007年，p.229）。
5) 1952年に東京で設立された精神薄弱児育成会は，手記や機関誌の刊行を進めながら，瞬く間に会員数を伸ばして全国組織になっていった（現在は「全日本手をつなぐ育成会連合会」）。47都道府県に会員が存在し，約20万人の会員数になっている。親への聞き取り調査を実施した世田谷区手をつなぐ親の会は，育成会の下部組織である。
6) 日本精神薄弱者福祉連盟編『発達障害白書―戦後50年史―』日本文化科学社，1997年，p.218。
7) 藤本文朗『障害児教育の義務制に関する教育臨床的研究』多賀出版，1996年，p.183。

8) 上掛利博「障害者共同作業所づくり運動と福祉政策」『立命館経済学』第 35 巻 第 4 号，1996 年，p.699。
9) 同上。
10) このほかにも，育成会の機関紙『手をつなぐ親たち』では，「就労の問題」（1975 年 2 月号），「はたして職場になじまないか」（同年 3 月号），「働く生活を確保するために」（1976 年 7 月号）という特集記事を組んでいる。
11) 親 A は 80 歳（2016 年 12 月 28 日現在）で，世田谷区の白梅作業所の主任指導員を担っていた人物である。親 A に対する聞き取り調査は 2015 年 9 月 21 日に実施した。
12) 障害者福祉は 70 年代の施設中心型から施設ケアの反省を経て，地域福祉サービスへと推移していったといわれている（吉田久一『新・日本社会事業の歴史』勁草書房，2004 年，pp.334-336）。
13) 知的障害者家族の親は障害をもたない「健常」というカテゴリに分類されはするけれども，子の障害によって当事者性を経験するという（中根成寿『知的障害者家族の臨床社会学　社会と家族でケアを分有するために』明石書店，2006 年，p.14）。
14) 親 B は 83 歳（2016 年 12 月 28 日現在）で，世田谷区手をつなぐ親の会の副会長を担っていた人物である。親 B に対する聞き取り調査は 2015 年 7 月 27 日と 8 月 29 日に実施した。親 C は 73 歳（2016 年 12 月 28 日現在）で，世田谷区手をつなぐ親の会の副会長を担っていた人物である。親 C に対する聞き取り調査は 2015 年 7 月 27 日と 9 月 21 日に実施した。
15) 親の会では週に一回，「茶話会」や「地区会」と呼ばれる会合が取り組まれていた。今でも「茶話会」は継続されている。
16) 全国手をつなぐ育成会連合会「津久井やまゆり園での事件について（障害のあるみなさんへ）」http://zen-iku.jp/info/memBer/3223.html（2016 年 12 月 28 日最終閲覧）。

労働と生活の分断を乗り越えるための学習
―ワークライフバランスから考える―

池谷　美衣子

1 ▶ はじめに

　私たちは人生で直面する問題に対して，様々な方法を駆使して対処しながら生きている。それは時に，知識を増やすことであり，先人の経験から学ぶことであり，問題を共有できる仲間を作ることであり，自分の問題をより大きな社会構造の問題へと還元することだったりする。大人の学びは，このような営みの中で生み出される。

　社会教育では，地域課題と合わせて，生活課題という用語が使われてきた。人が生活の中で直面した具体的な問題はもちろん，漠然とした不安や葛藤について，集団の中で語り合い学び合うなかで，解決への糸口や，自分の悩みと地域や社会とのつながりが見出されてきた。生活課題とは，それぞれの具体的な日常生活に根ざして発見されるものであり，学習の場もまた，生活の基盤である地域社会や，日々の労働の基盤である職場の中にあった。

　しかし今日，職場や地域は悩みや課題を共有する場というよりも，個々人の利害が対立する場として立ち現れている。本書がキーワードに掲げる〈つながり〉は，それを意識的に取り上げねばならないような分断状況があるという現状認識に他ならない。分断されれば人は孤立し，自分の生活課題を一人で抱え込むことになる。

　本章では，今日の労働と生活をめぐる分断状況を概観したうえで，そのような現状を乗り越えるための学習課題と方法について，ワークライフバランス理念を手がかりに考察することを目的とする。

2 ▶ 労働と生活をめぐる分断状況の現在

(1) 労働者教育の隆盛と停滞，その後の非正規雇用の増大

　社会教育では，企業内教育や公的職業訓練などの職業能力形成と，労働者としての自覚や権利行使，労働者による職務や職場の自主管理などに関わる労働者教育とが，研究や実践の対象となってきた。

　たとえば，1960年代の労働者教育研究では，労働者としての自覚と連帯を志向しながら，職場単位で日々の労働を捉えなおす教育・学習実践が注目された。労働者が自分たちの仕事の過程を分析し，労働災害の防止や健康問題を改善しようという学習や，労働組合の機関紙を読み合いながら，仕事の悩みを語り合う学習，労働者に必要な知識や教養がカリキュラム化された労働学校など，労働組合を中心に労働者教育の実践が取り組まれた。それまでの社会教育が，「青年教育と婦人教育を主たる分野として指定してきた」のに対し，これらの労働者教育の展開は，社会教育関係者に「成人教育の可能性が開けてきた」と新たな期待を抱かせるものであった[1]。すなわち，成人とは労働する存在であるからこそ，成人教育の中核は労働者教育であると認識されたのである。

　一方，1990年代になると，企業は正規雇用の新規採用を抑え，その分，派遣，パート，アルバイトなど，雇用調整のききやすい非正規雇用を増やしていく。1989年には全労働者の2割を切っていた非正規雇用は，2015年現在，全労働者の4割近くを占め過去最高になっている（総務省「労働力調査」）。その結果，現在の職場は，正規雇用と非正規雇用が混在して働くことが当たり前になっている。

　さらに，非正規雇用の7割近くが女性であり，性別による偏りは顕著である（総務省同）。また，正規雇用のチャンスがなかったために非正規雇用で働く「不本意非正規」の割合は，非正規雇用労働者全体の17％であり，とりわけ，若年層（25～34歳）の「不本意非正規」は27％と突出する（総務省同）。非正規雇用の増大とは，個人の働き方の「選択」を超えて，新たな若者差別・女性差別の雇用構造として生じていることが指摘される。

　このような雇用構造の変化を受けて，労働者教育停滞後の社会教育研究に

おいても，労働への関心が再び高まっている。正規雇用の場から排除された女性や若者にとっての労働に焦点を当てることで，それまでの労働者教育がいう「成人」が，その実，正規雇用の男性中心であったことを批判的に捉える研究がまとめられている[2]。

　もっとも，雇用の変化がもたらす問題は，正規雇用と非正規雇用の分断に限らない。過労死や過労自殺を含む精神疾患は過去最高を更新しており，働く人自身の生命や健康がおびやかされる働き方も広がっている[3]。さらにはこれまで働くことのイメージの中心にあった正規雇用の働き方，すなわち，終身雇用・年功序列の雇用を基本に，昇給や賞与や諸手当や福利厚生があり，定年退職まで「勤め上げる」という働き方は，限定的な存在になりつつある。

　以上より，若者や女性という属性とも関わりながら，私たちは働き方によって分断されるようになった。同じ職場で同じような仕事をする労働者が，雇用形態によって「身分的差別ともいえる深刻な格差」[4]で分断されている状況では，たとえ働くことをめぐって不安や課題を抱えても，職場でそれらを共有し，ともに解決を目指すような労働者同士の連帯を築くことは難しい。

(2)　雇用システムと社会システムの機能不全

　雇用形態による分断の背景には，正規雇用を中心としてきた日本の雇用システムが機能不全に陥ったことが指摘される。男性片働きを想定した正規雇用システムは日本社会で高度経済成長期に定着したもので，勤労が美徳とされ，「仕事で死ぬのは男の本望だ」といわれるほどの労働文化を生み出してきた[5]。

　一方で，男性労働者が常に仕事に没頭するために，雇用システムを補完強化する社会システムとして，性別役割分業も同時に定着していった。性別役割分業は，「仕事も家庭も犠牲にしないということを，個人ではなく家族のレベルで図ろうとしたシステム」[6]であり，賃金を稼ぐための労働と，家事や育児，介護などのケアの役割を，それぞれの性別に割り当て，「男は仕事，女は家事・育児」として規範化した。これに対し，個人の思いや選択に

先んじて性別によって生き方が規定されることへの違和感や異議申し立ては、女性運動や女性問題学習として蓄積されている[7]。

すなわち、正規雇用を中心とする雇用システムと、性別役割分業という社会システムが、同時に機能不全に陥っているのが現在であり、その中で労働や生活をめぐる様々な困難や生きづらさが顕在化している。現状の問題を解決していくためには、雇用制度の改革だけでも、性別役割分業の克服だけでもなく、その両者を架橋して、新しい雇用システムと社会システムを再設計することが不可欠となっているのである。そのためには、高度経済成長期に作られた先行世代の働き方や生活スタイルに対して、次世代の私たちはどのような働き方や生活スタイルを望むのかが問われることになる。

そこで第3節では、仕事も家庭も犠牲にしないことを、性別役割分業のように家族の単位ではなく、ひとりひとりの個人レベルで実現していくという方向を掲げて、現状の課題に対する解決策として提唱されたワークライフバランス理念について検討していこう。

3 ワークライフバランスの登場とその意義

ワークライフバランス（仕事と生活の調和）は、21世紀に入って先進国を中心に用いられるようになった新しい用語で、日本では2002年に初めて紹介された[8]。企業戦略や政策用語など、使用される立場によって強調される点は異なるが、端的に言えば、ワークライフバランスとは、仕事と生活の両立や調和を考える際に、すべての人が仕事とそれぞれの生活を両立しながら生きていくことを目指し、それを疎外する様々な状況を社会的ないし組織的な課題として対象化するものである。

(1) ファミリーフレンドリーからワークライフバランスへ

日本では、男女雇用機会均等法の施行（1986年）などにより、働く女性の存在は社会の中で着実に広がり、90年代半ばには、共働き世帯が片働き世帯（専業主婦がいる世帯）を上回った。働く女性の多数派は非正規雇用であったが、一部の企業では、女性人材の活用のために共働きを前提とした柔

軟な雇用制度が必要であると認識され，主として育児中の女性に対する支援充実を進めるファミリーフレンドリーな企業像が目指されるようになった。

しかし，実際には，多くの職場で「男並み」の働き方が女性にも求められ，他方，家庭でも，従来の性別役割分業のもとで，家事・育児を担当することが求められる，という女性の二重負担を伴っていた。

その後，喫緊の政策課題とされた少子化対策の一つとして，「男性を含めた働き方の見直し」が掲げられ（「少子化対策プラスワン」2002 年），2007 年には政府・労働者代表・使用者代表の間で「仕事と生活の調和（ワーク・ライフ・バランス）憲章」が合意された。この憲章では，ワークライフバランスが実現した社会を，「国民一人ひとりがやりがいや充実感を感じながら働き，仕事上の責任を果たすとともに，家庭や地域生活などにおいても，子育て期，中高年期といった人生の各段階に応じて多様な働き方が選択・実現できる社会」と定義している。そのうえで，ワークライフバランスが実現した社会の具体像として，「① 就労による経済的自立が可能な社会，② 健康で豊かな生活のための時間が確保できる社会，③ 多様な働き方・生き方が選択できる社会」の３つを描いている。

ここから読み取れるのは，ワークライフバランス理念がかなり包括的なものであり，仕事と生活をめぐる様々な今日的課題と関わるということである。たとえば，①に関しては，非正規雇用の若者やシングルマザーの自立支援や貧困対策が含まれるし，②に関しては，育児だけでなく介護や自身の治療などを理由にした離職を防ぐための労働時間管理の弾力化や，過労死等防止対策推進法の成立（2014 年）が関わっている。また，③に関しては，ホワイトカラー・エグゼンプションなど雇用制度の弾力化や規制緩和をめぐって，労働者自身の働き方の選択を可能にするとする推進論と，労働者の権利保障の欠落を危惧する慎重論とが議論を重ねている。これらの広がりからは，ワークライフバランスの発想が，働く女性を対象にした仕事と生活（育児）の両立支援というファミリーフレンドリーを明らかに超えることがわかる。今日，ワークライフバランスは，その対象を特定することなく，かつ，働き方や生活のあり方に一定の型を押しつけることなく，人々の働き方やライフスタイルの多様な選好や選択ができるだけ尊重される社会を実現すべき

だという，より普遍的理念に組み込まれて発展している[9]。

(2) 生涯学習社会の実現とワークライフバランス理念

　もちろん，ワークライフバランスの提唱が労働と生活の分断を即座に解決するわけではない。しかし，これからのあるべき社会像を考えていく上では，重要な価値を含んでいる。ここでは，ワークライフバランス理念が提起された意義について，生涯学習社会の実現という観点から考えてみたい。

　生涯学習社会の実現が提起されたとき，労働時間の短縮はその前提であった。労働時間の短縮による自由時間の増大がなければ，また，その時間の使い方に対する主体性がなければ，趣味や教養に関する学習も，他者や地域社会と関わる活動もできない。これまで，社会教育実践が職場や地域の中に学習の場を創造できたのは，学習者の属性や業種・職種によって調整可能な時間帯や休日がある程度同じであったことに支えられていた。勤労青年にとっての平日夜間や，専業主婦にとっての平日昼間など，私たちの社会には共通の生活リズムがあり，共通の時間の流れがあった。生活課題だけでなく，地域課題もまた，農村の農閑期などその土地での生活に一定の共同性があってこそ成り立つものであった。

　しかし今日，24時間365日稼働し続ける社会の中で，私たちひとりひとりの働き方や生活リズムは多様化している。シフト勤務が常態化することで，同じ職場で働く労働者全員が一堂に会することは，仕事上の会議でも困難になっている。職場で自由に集まって語り合う学習の場の創出は，なおさら困難であろう。まして，同じ地域に暮らす人たちの生活に一定の共同性を見つけることは難しく，社会教育施設の講座企画ひとつをとっても，土日開催が働く人への配慮だと，単純には言えない現実がある。

　このような状況を是認したままでは，大人の学びが，自分の都合でやりくりできる個人学習として理解されていくことはまぬがれない。職場や地域に学習の場を生み出す前提として，私たちにとっていま最も深刻な困難は，「集う」ことにあるのではないだろうか。

　このように考えたとき，生涯学習や社会教育における「集う」ことの困難と，ワークライフバランス理念とが関わってくる。ワークライフバランス理

念は，仕事をしながらも仕事だけでない私たちそれぞれの生活の側面を大切にしようとする価値感であり，仕事だけではない「何か」の中身は，育児や介護に限定されるものではない。このことを踏まえると，ワークライフバランス理念が，個々人の事情に対応しながら，共につどい，学び合うことを重視する社会教育実践の創出にとっても重要な価値を含むものであり，学習のあり方を豊かに包摂した生涯学習社会の実現に向けて，ワークライフバランスの実現は一つの戦略になりうるものだろう。

4 ワークライフバランス理念が示唆する学習課題と方法
——労働と生活の分断を乗り越えるために

　ここまで，第2節において，職場では，女性と若者という属性に規定されながら雇用形態による分断が生じており，職場が仕事に関する不安や課題を共有する場にはなりにくいことを論じてきた。そのような背景には，高度経済成長期に日本で定着した正規雇用を中心とする雇用システムと，それを補完強化する性別役割分業という社会システムが，同時に機能不全に陥っていることを指摘した。

　そのうえで，第3節では，労働と生活の両立を家族単位ではなく個人単位で実現していくという方向を目指して提起された，ワークライフバランス理念の定義と背景を整理した。そこから，ワークライフバランス理念が生涯学習社会の実現にとっても意義あるものであることを論じてきた。

　以上を踏まえて，社会教育研究・実践では，現在の状況をどのような学習課題や方法として引き取ることができるだろうか。本節では，以下3点に分けて考察する。

(1) 成人の特性の重層化

　先に見たように，労働者教育の隆盛は成人教育の可能性を拓くものとして展望され，そこでは成人の特性はなによりも「働くこと」に見出された。しかし，ワークライフバランス理念からこれを捉えなおすならば，成人の特性

を労働に見出すだけでは不十分であることが指摘できる。すなわち，「男性は仕事，女性は家事・育児」という性別役割分業の下では，成人の特性もまた，性別によって規定されていたのであり，成人の特性を労働に見出す発想そのものが，男性基準にもとづくものであった。したがって今日的には，「働くこと」に加えて，家事や育児，介護など，他者をケアする営みも，成人の特性として同等に位置づける必要がある。

一方で，ワークライフバランスの提唱を受けて，男女共同参画行政を中心に，「イクメン養成」や「男性の家事参加奨励」など，主として男性に対する啓発講座が広く行われるようになっている。性別役割分業の課題を踏まえれば，啓発講座に一定の意義があるにしても，ともすれば「仕事も家事・育児も」という女性の抱えてきた二重負担を，一部の男性にも求めることになりかねない。また，労働とケアが二項対立的に捉えられることで，自治会や地域の活動など，社会生活の維持のために必要な役割が評価されにくいという課題もある。

ドイツでは，日本と同様に，「男女共同参画の推進，労働力不足に対する女性のキャリア支援，少子化傾向に対する仕事と育児の両立支援，高齢化に対応する介護体制など，様々な社会的課題の克服を総合的にはかるために，男女の区別なく，個人の人生上の出来事に応じた形での働き方・生き方を実現する制度のための政策的模索[10]」としてワークライフバランス政策が位置づけられているが，その特徴は「時間」に関わる政策群として具体化されている点にある。人々の活動は，まず支払労働（収入を伴う労働）と不支払労働に分けられ，次いで，不支払労働が，自分だけのためのもの（自由時間の活動）と，第三者のために行われる労働に区別される。さらに，第三者のために行われる労働は「自分の家における家事および世代間ケア，親戚や友人知人などに対する個人的支援行動，公益的・名誉職的活動」の3つに分けられる。それらの労働／活動の価値と必要を等しく認めたうえで，人々の意思や都合による柔軟な時間配分を，社会としてどのように可能にしていくのかを政策課題としている。

ドイツの挑戦は，成人の特性が労働だけでも，ケアだけでもなく，またその二者だけでもなく，社会の持続発展にとって必要な労働／活動を重層的に

担う存在として位置づけるものである。そして，成人の重層的な労働／活動への参加保障と促進に向けて，制度政策面から取り組んでいる点が示唆的である。前節で論じたように，生涯学習社会の実現に向けてワークライフバランス理念を戦略的に用いるためには，成人を重層的な労働／活動を担う存在としてみなしていくことが必要である。

(2) 権利保障の議論と価値観を問いなおす学び

　ワークライフバランス政策では，ライフの具体像として育児が先行して議論されてきた。育児を抱える共働き世帯の多忙さや葛藤は，実に切実である[11]。ワークライフバランスの重要性を自覚し，労働と生活を両立しようとすればするほど，労働時間を短くするために仕事の生産性をあげ，家事や育児を効率化するという方法にいきつくのは，珍しいことではない。実際に，ワークライフバランスに関する啓発書の多くは，生産性をあげる仕事術や，効率化をはかるための時間術に満ちている。しかし，果たして，ワークライフバランスの実現は，少しの時間も「無駄」にせず，「余計」な人付き合いを断って，仕事も生活も極限まで効率化することでしかないのだろうか。そのような暮らしを作り出すことが，分断された私たちをつなぎ，個人や社会の幸せや豊かさをもたらすのであろうか。

　子育て支援からこの問いを取り上げた池本美香は，保育所を増設し延長保育を充実させることで，保護者が安心して子どもを預け，長時間働くことができる社会をつくるという経済的な発想による少子化対策を批判したうえで，「子育てをする権利」の保障という観点から「非効率な子育ての時間と空間を保障しようという動き」が弱いことを指摘する[12]。子育てをする権利とは，「自分の子どもの成長を自分の目で確かめたいという期待，子どもとの関係をもっと深めたいという期待，子どもや地域との関わりを通じて親自身も創造力を得たいといった期待に応えるものであり，また自分の子どもの教育を通じて，将来の社会に影響を及ぼしていく，子育てを通じて社会をより良く作りかえていく権利」として描かれている。このような発想やそれに基づく実践と運動は，社会教育で豊かに蓄積されてきたそのものである[13]。

　ワークライフバランスに関する議論では，特定のバランスを押し付けない

ために個人の選択や多様性の尊重は重視されるものの、その選択や多様性を担保するために、誰にどのような権利を認め、それをどう保障するかという議論はあまり展開されていない。バランスという心地よい表現に惑わされないためには、「現在ある社会のシステムや価値観の中で、幸せを求めて行動することが、必ずしも幸せをもたらさないのではないか」[14]という疑義に応える学習、すなわち、私たち自身が仕事や生活の質を問い、既存の社会システムを批判的に捉えなおしていくような、私たち自身の価値観を問い直す学びの展開が必要である。

(3) 関係性と対話のなかで生まれるワークライフバランスの学び

本章で見てきたように、職場においては正規雇用の男性基準が、生活の場においては性別役割分業の規範が、同時に揺らいでいるのが現在である。このなかで、働き方や生活スタイルについての判断や選択は、今後ますますひとりひとりに求められるようになるだろう。

自分が理想とするワークライフバランスを実現しようとするとき、それは個人一人で達成可能なものでも、個人のなかで完結するものでもない。あなたが自分の自己実現を追い求めることが、あなたの身近な誰かの自己実現を疎外している可能性は十分にあるからである。したがって、ワークライフバランスは、生活をともにする家族やパートナーはもちろん、上司や同僚など職場の人間も含めて、他の人々の理解や応援があって初めて達成可能なものとして理解する必要がある。言いかえれば、理想とするワークライフバランスは、身近な他者との対話を続けるなかで、常に描き直し続けていく営みを伴う。それは同時に、私たちが自分とは異なる他者の考え方や生き方を尊重し、それぞれの人が思い描くワークライフバランスのあり方を理解しようとする行為ぬきには実現しないことを意味する。

実際に、筆者が関わった公民館講座では、参加者間の話し合いの蓄積の中から、ワークライフバランスが個人の問題から関係の問題へと理解されていくプロセスが生じた[15]。そこでは異なる立場の他者と話すことを通じて、確固たる自分の生き方を確立すること以上に、自分や周囲の変化に合わせて柔軟に自分の生き方を変えていくことの必要性が気づかれていったのである。

働き方やライフスタイルが多様化し，私たちひとりひとりに選択が求められることは，その分，周囲の人たちとの間で対話や合意形成が必要になるのであり，自分とは異なる選択をした人を含めてともに語り合い学び合うことの意義は大きい。上述の講座で「半径 5 メートルからの改革」が語られたように，異質な他者と関わることで，現状の課題や矛盾を自覚し，自分の力の及ぶ範囲である日常生活から自身の行動を少しずつ変えていくこともまた，社会的な規範の変容につながりうる[16]。社会変革志向の学習は，社会運動への参加にむすびつくばかりではない。働き方や生活スタイルが多様化しているからこそ，意図的に異質性の高い学習集団を形成し，共に学び合う学習の場を創出していくことが，社会教育にとって重要な課題となる。

5 ▶ おわりに

　本章で見てきたように，雇用形態による分断や生活スタイルの多様化は，私たちが学ぶために「集う」ことを難しくしている。一方で，分断や多様化が進むからこそ，私たちがどのような働き方や生活スタイルを望むのか，より良い社会や希望をどう描くのかについて，異質な他者と対話し学び合う必要性は高まっている。

　また，停滞が続いた労働運動にも，新しい萌芽が見られる。日本の現状や事例を通じて語られることはまだ少ないものの，新しい労働運動の議論でも，キーワードは「労働と生活の接合点」や「コミュニティ」である[17]。

　様々な分野において，労働と生活が問われ，組みなおされようとしている今日，ワークライフバランスは社会教育においても新しい現代的課題として重要なテーマとなっていくだろう。

　社会教育でいう地域課題とは，外在的に与えられるものではなく，生活課題をめぐる学習を通じて見出されていくものである。地域課題に関する学習の充実に先立って，人々が仕事や生活の中で抱えている不安や葛藤，問題意識に迫るような生活課題に関する学習機会や学習方法の再構想が，社会教育研究と実践に求められる。

注

1) 日本社会教育学会編『労働者教育の展望』東洋館出版社，1970年。
2) 日本社会教育学会編『労働の場のエンパワメント』東洋館出版社，2013年。
3) 熊沢誠『働きすぎに斃れて―過労死過労自殺の語る労働史―』岩波書店，2010年。
4) 森岡孝二『雇用身分社会』岩波書店，2015年。
5) 仕事優先の価値観や労働文化の具体像を理解するうえで，それに抗う立場となった過労死遺族たちの手記は参考になる。たとえば，八木光恵『さよならも言わないで―「過労死」したクリエーターの妻の記録』双葉社，1991年。全国過労死を考える家族の会編『日本は幸福か―過労死・残された50人の妻たちの手記―』教育史料出版会，1991年。
6) 山口一男『ワークライフバランス―実証と政策提言―』日本経済新聞出版社，2009年，p.14。
7) 日本社会教育学会編『ジェンダーと社会教育』東洋館出版社，2001年など。
8) パク・ジョアン・スクッチャ『会社人間が会社をつぶす―ワーク・ライフ・バランスのすすめ―』朝日新聞社，2002年。
9) 山口前掲書。
10) 田中洋子「ドイツにおける時間政策の展開」『日本労働研究雑誌』No.619，2012年，p.102。
11) 中間真一・鷲尾梓『仕事と子育て―男たちのワークライフバランス―』幻冬舎ルネッサンス，2010年。
12) 池本美香『失われる子育ての時間―少子化社会脱出への道―』勁草書房，2003年。
13) 例として，宮崎隆志編『協働の子育てと学童保育―共同学童保育で育つ札幌の子どもたち―』かもがわ出版，2010年。
14) 池本前掲書，p.24。
15) 池谷美衣子・井口啓太郎・冨永貴公「社会教育における「労働と生活」の問題構成―公民館講座「ワーク・ライフ・バランスの生き方デザイン」受講者の記述から―」『浜松学院大学研究論集』第12号，2016年3月。
16) 冨永貴公「社会教育・生涯学習研究とジェンダー」津田英二他編著『社会教育・生涯学習研究のすすめ』学文社，2015年。
17) 例として，山崎憲『「働くこと」を問い直す』岩波書店，2014年。また，日本における新しい労働運動の事例を取り上げたものとして，池谷美衣子「「新しい労働運動」における担い手の形成―過労死問題に対する社会運動を手がかりに―」日本社会教育学会編前掲書，2013年。

リテラシーの学びと実践

河内　真美

1 ▶ はじめに

　国際社会，特にユネスコ（国際連合教育科学文化機関）を中心とする国際連合において，成人の学習に関する取り組みは大きくふたつのアプローチから進められてきた。ひとつは，成人教育に関する規範形成である。1949年から現在までに約12年間隔で6回開催されている国際成人教育会議等での議論により，社会変革や人々の生活改善における主導的な役割を担うものとして，成人教育の概念を拡大させてきた。また，国際会議に加え，生涯教育という概念の提唱（1965年）やその後発刊された教育に関するふたつの報告書（1972年の『未来の学習』と1996年の『学習：秘められた宝』）などを通して，生涯学習の重要な一部分を構成するものとして成人教育の重要性を提起し，その推進を図ってきた。これらの議論は，1976年の「成人教育の発展に関する勧告」や1985年の第4回国際成人教育会議における「学習権宣言」の採択に結びついている。学習権宣言では，学習権を「読み書きの権利であり，問い続け，深く考える権利であり，想像し，創造する権利であり，自分自身の世界を読み取り，歴史をつづる権利であり，あらゆる教育の手だてを得る権利であり，個人的・集団的技能を発達させる権利」とし，それが人類の生存にとって不可欠な手段かつ基本的人権のひとつであることを確認した[1]。

　もうひとつのアプローチは，国際教育開発の領域におけるリテラシーの普及を中心とする活動である。リテラシーの普及は，1946年の創設よりユネスコの最重要課題のひとつである。リテラシーに関する議論や取り組みは，時の開発戦略やブラジルの教育学者パウロ・フレイレの理論の影響を受けな

がら展開されてきたが，1980年代半ば，特に1990年の「万人のための教育（Education for All，以下 EFA）世界会議」以降は，EFA の枠組みのもとに進められた。EFA 世界会議では，従来別々に進められてきた初等教育とリテラシー教育，学校教育とノンフォーマル教育を有機的に組み合わせ，基礎的な学習手段（リテラシー，音声による表現，計算能力，問題解決能力など）と学習内容（知識，技能，価値観，態度など）からなる「基礎的な学習のニーズ」を満たすための教育として「基礎教育（Basic Education）」という包括的かつ柔軟な概念が提唱された。また，就学前教育から成人教育まで多岐にわたる6つの到達目標が採択された。6つの目標は2000年の「世界教育フォーラム」で再設定，再合意され，成人の学習に関しては適切な学習・生活技能プログラムへの公正なアクセス（目標3）やリテラシー率の改善と成人基礎教育・継続教育への公正なアクセス（目標4）の達成が掲げられた。

以上のふたつのアプローチは，生涯学習概念と EFA の枠組みのもと統合的に展開され，第5回（1997年）と第6回（2009年）の国際成人教育会議の合意文書では，EFA 目標達成における成人の学習の重要な役割や，生涯学習および社会参加のための不可欠な基盤としてのリテラシーへの権利の保障に向けた行動が提起された。また，2000年代に入ってからは，環境・経済・社会の視点から持続可能な社会づくりのために行動できる人の育成を目的とする「持続可能な開発のための教育（Education for Sustainable Development，以下 ESD）」が，国際社会における教育に関する取り組みに通底する理念かつ視点となっており，2005～2014年は国際連合 ESD の10年として取り組みの推進が図られた。さらに，EFA 到達目標の達成年限である2015年以降の教育については，「すべての人々に対して，包摂的かつ公正な質の高い教育を確保し，生涯学習の機会を促進する」という目標とその達成に向けた行動枠組みを示した「教育2030」が2015年のユネスコ総会ハイレベル会合において採択された。この目標は，同年の国際連合サミットで採択された持続可能な開発目標（Sustainable Development Goals）の第4目標にも位置づけられている。

このように，近年，成人の学習に関する国際的な議論や取り組みは生涯学

習やEFA, ESD,「教育2030」といった大きな枠組みのなかで進められてきている。そこで対象となっている成人の学習は基礎的なものから継続的なものまで，また公教育からノンフォーマル教育，インフォーマル学習までと教育・学習の水準や内容，形態は幅広いが，それらのなかで本章ではここからリテラシーの学びに焦点をあてていきたい。

2 ▶ リテラシーの学び

　上記のようにリテラシーの普及はEFAにおける重要課題に位置づけられたものの，各国政府やNGO，国際機関によるEFAの取り組みが学校教育，特に初等教育に偏重してきたこともあって，現在でも世界で約7億8千万人の成人がリテラシーを習得していないという状況にある[2]。その多くはいわゆる発展途上国に住む人たちである。他方，経済協力開発機構が2011〜2012年に実施した「国際成人力調査（Programme for the International Assessment of Adult Competencies, 以下 PIAAC）」は，リテラシーの普及が発展途上国のみの問題では決してないことを明らかにした[3]。

　では，リテラシーを習得した状態とはどういう状態なのか。そもそもリテラシーとはなにか。リテラシーは多義的な概念であるが，その最小の内包は「読み書き能力」とされる。もともとは高い教養を意味していたが，国民国家の成立において国語の整備と普及が課題となるなか読み書き能力という意味が付加された[4]。ただし，「最小限必要と判断されるマークの読み書きをおぼえること」[5]と定義されたり，「リテラシーの習得はスキルの習得である以上に，より根本的には，社会的に確立された読み書き文化の習得と，そこへの参入の機会を万人に保障することを基本的な課題としている」[6]と説明されたりするように，単に抽象的な読み書き能力というよりも，社会に参画するうえで最小限必要となる読み書き能力といえる。この点でリテラシーは社会的なものである。最小限としてどのようなリテラシーをどの程度習得することが求められるのかはそれぞれの社会で異なるため，その水準を国際的に一律に規定することは難しい。

　生活する社会において求められるリテラシーを習得していないという状況

は，克服すべき個人的かつ社会的な問題として認識されてきた[7]。その一方で，各国のリテラシー率の算出やPIAACなどの調査が個人の読み書き能力を測定していることにうかがえるように,「克服」としてめざされているのは個々人がリテラシーを習得し，習得できた人がその能力を活用して社会に参画することである。リテラシーは社会的なものであるにも関わらず，社会とのつながりと切り離して個人に帰属する能力として矮小化され，個々人が習得するものとして個人化されているといえる[8]。しかし，リテラシーを個人が所有する能力として捉える限り，様々な事情により習得していない人々は読み書きを伴う社会の活動から排除されるという問題が必然的に生じてしまう。この点に関して,「個人のリテラシースキルのみではなく，地域社会全体のリテラシースキルを高めるというビジョンをもって取り組むことが必要である。究極的な目標は，リテラシーをもった社会（literate societies）を構築することである」[9]というHanemannの指摘は示唆的である。

「地域社会全体のリテラシースキルを高める」とはどういうことを意味するのか。リテラシーの学びや読み書きを伴う活動への参画としてのリテラシーの実践を，個人レベルに矮小化することなく，習得状態に関わらず人々の豊かな生へとつながるものとするためにはどのような思考と取り組みの転換が必要なのだろうか。これらの問いへの手がかりを得るために，以下ではリテラシーの学びや実践について〈つながり〉という視点を介して考えてみたい。具体的には，リテラシーの学びによる〈つながり〉の創出，インフォーマルなリテラシーの学びと実践，個人化したリテラシーによる〈つながり〉の分断の3点について，事例や先行研究を紹介しながら検討する。このことを通して，〈つながり〉を生み出すリテラシーの学びと実践のあり方を提示しつつ，人と人との関係性に支えられたリテラシーという考え方を提起したい。

3 ▶ リテラシーの学びと〈つながり〉の創出の循環

リテラシーの学びを通してどのように〈つながり〉が創出されるのか，また創出された〈つながり〉からどのような学びや行動が生じるのか。これら

の点を明らかにするために，近年ユネスコにより高く評価されているリフレクト・アプローチ（Reflect approach，以下リフレクト）に着目したい。

リフレクトとは，パウロ・フレイレの理論と参加型農村調査（Participatory Rural Appraisal，以下 PRA）の手法を融合させた成人学習と社会変革のためのアプローチである。イギリスに本部を置くNGOのアクションエイドが，1993年からの試行プロジェクトを経て開発した。その後，他のNGOや政府組織が実施するプログラムにも取り入れられるようになり，現在，発展途上国を中心に70カ国以上，500以上の団体によって実践されている[10]。

当初「成人リテラシーへの新しいアプローチ」として開発されたリフレクトの新しさは，リテラシーの学びにおいて既存の教科書や教材等を使用しないこと，学習内容，学習の期間や頻度，進めるペースを含めて学習のあり方が画一的に定められていないことにある。それらは，地域社会の文脈，学習者の生活実態や関心に応じて多様であってよいとされている。この柔軟性により，地理的および組織的な広範性をもつアプローチとなっている。

リフレクトによるリテラシーの学びは，学習者が日々のなかで感じている不便や抱えている悩みなどについて自由に話し合うことから始まる。普段感じている思いを声に出して共有し，不便や悩みとその要因についての意見を交わしていく。話し合いを通して，自分と同様の悩みや不満を他者も感じていることを知ったり，それらが解決でき，また解決すべき問題であることに気づいたりするようになる。この話し合いの場は「サークル」と呼ばれ，学習者が自分たちを取り巻く世界を読み取り，既存の慣習や社会の権力関係の矛盾について批判的に考え，問題解決に向けた行動を検討する場として機能する。サークルが，人々にとって集まり話し合うための心地よい空間となることがリフレクトの鍵である[11]。そのために用いられるのがPRAの手法，特に地図，カレンダー，表，樹形図など可視化のツールである。サークルの学習者全員で共有できる大きさの紙や地面を使って自分たちの生活や地域社会の現状を描き，知識や認識の共有と状況分析をしながら議論を進めていく。絵や図の使用によって，リテラシーの習得水準に関わりなく誰もが議論に参加可能な民主的空間を作り出せる。

リテラシーの学びに用いる言葉は，サークルでの議論から取り出される。

学習者の経験や地域課題と結びついた言葉を用いるフレイレの「生成語」の方法に基づき，言葉を音節にわけて組み替えることで別の言葉を作りながら文字の学習を行い，読み書きを学んだ言葉を使って文章を作っていく。基礎的な文字の読み書きができるようになると，地元の新聞や雑誌を用いた批判的な読みの学習や掲示物や会報の作成などに進むこともある[12]。

このようにリフレクトにおいてリテラシーの学びは，学習者の生活や経験に根ざした省察と，地域づくり計画の作成や見直し，権利保障の要求といった課題解決に向けた行動の循環に埋め込まれている。それゆえ，習得されるリテラシーは学習者自身に結びつき，学びへの動機づけとなるとともに，生活課題・地域課題とアイデンティティの共有を媒介とした〈つながり〉の構築と課題解決に向けた行動への動力となる。取り上げられる課題は農業，土地利用，環境，健康，差別など地域や学習者により多種多様であり，またリテラシーの習得と共通課題の発見・解決のどちらにより重きをおくかはそれぞれで異なるが，リテラシーの学びと課題に関する学びと行動は織り合わさって展開される。教師はその学びと行動の循環プロセスを活性化するファシリテーターの役割を担う。サークルを誰もが参加可能で個々人が抱える問題や関心を共有していく場とすることによって，リテラシーの学びを媒介に地域社会における〈つながり〉の形成が促されるプログラムとなっている。

4 ▶ インフォーマルなリテラシーの学びと実践

リフレクトのようなリテラシープログラムの取り組みが展開されている一方で，近年の研究においては，リテラシーの学びの局面のみではなく，人々が日常生活のなかで実際どのようなリテラシーの実践を行っているのかへの着目がみられる。エスノグラフィーのアプローチに影響を受けた「新しいリテラシー研究（New Literacy Studies）」は，特定の地域や社会的・文化的状況において，リテラシーがどのような意味や機能を持ちどのように使われているのかに焦点をあててきた[13]。それらの研究によって，学校やリテラシープログラムでの教育を受けていない人々も，必ずしも読み書きの世界から断絶されてはおらず，個人的なつながりのなかで必要な読み書きをイン

フォーマルに学んでいたりリテラシーを伴う活動に参加していたりする場合のあることが明らかにされている。

　以下では，先行研究で描かれている事例を通してインフォーマルなリテラシーの学びと実践の具体的な様相を把握したい。Nabiらは，リテラシーを身につけていないとされているパキスタンの人々が，日常生活のさまざまな場面でどのように書きことばを用い，そのために必要な能力をいかに習得したのかについて詳細に描き出している[14]。事例で取り上げられているのは，親の仕事の手伝いや親の意向により学校教育を受けられなかった人たちである。学校教育を受けていないものの，たとえば家事使用人の女性は，従事先家族との子どもの頃からの関わり，特に同年齢の子どもと遊ぶなかで，自分や身近な人たちの名前，食料品や生活用品の名前をはじめとする基礎的な読み書きを身につけ，紙に書かれた家族の献立希望を理解したり，クリーニングに出した衣服や購入した野菜と金額を記録したりできている。野菜の移動販売を商う男性や元配管工の男性も，仕事を通して偶然出会った人々の助けを得ながら，絵や写真付きの本やカタログを使って文字や文章を学ぶといった自身の学び方を確立し，領収証を書いたり自作の歌を書き記したり，運転免許証を取得したりすることができている。彼・彼女らが書いたものには綴りの間違いが一部あるものの，伝えようとする内容は明らかであったとされる。

　彼・彼女らは学校に通ったことがないためにリテラシーを身につけていないと人々から認識され，自分たち自身もそのように捉えている。しかし実際は，彼・彼女らの学びへの意欲に理解を示す周囲の人々とのつながりのなかで仕事上の必要や自身の関心に応じて身につけたいリテラシーを習得し，その能力を日々の生活のなかで使用して活動している。学校で教えられ習得される読み書き能力のみが「正しい」リテラシーであるという意識からは見えない，〈つながり〉のなかでインフォーマルに学ばれ実践されているこのようなリテラシーを，Nabiらは「隠れたリテラシー（hidden literacies）」と名づけている。

　周囲の人々との関係性に支えられた書きことばの世界への参画については，金も，日本語のリテラシーを習得していない在日コリアン一世女性たち

が，周りの人に頼ったり情報を共有したりと人的ネットワークを強化することによって，文字情報からの排除による社会的不利益を克服するという「生活戦略」を立てていることを明らかにしている[15]。

　これらの事例は，リテラシーを身につけていないとされる人々のなかにも，生活上の不利益や心理的な圧迫を被りながらも，〈つながり〉の形成によってリテラシーの学びを実現させ，書きことばを媒介したコミュニケーションを行っている人たちがいることを示している。また，〈つながり〉のなかで表出される学びの成果は，各自にとって生活上必要な機能を果たすとともに，それが周りの人々から承認されることによって自信やさらなる学びへの意欲につながっている。

5 ▶ 個人化したリテラシーによる〈つながり〉の分断

　これまでみてきたようにリテラシーの学びや実践は〈つながり〉を生み出す一方，〈つながり〉を分断することもある。砂野は，標準化された言語のリテラシーは，方言も含めその他の言語やリテラシーのあり方を排除し，また「正しい」リテラシーを身につけていない人を公共空間から排除するという二重の意味で，「排除の領域」を形成すると指摘している[16]。リテラシーの排除の機能を具体的に考えるために，ここでも先行研究を取り上げたい。

　HollandとSkinnerは，ネパール中部の一地域における伝統行事のあり方の変容を次のように描いている[17]。ティージ（Tij）は毎年8〜9月頃に行われるヒンズー教徒の女性たちの祭りである。祭りの間は，女性たちは男性の前で踊り歌うことが認められている。ティージで披露する歌は，以前は女性たちが自身の経験を基に作成しており，それらの多くは家庭内での理不尽な扱いなど自分たちが直面している状況を批判し，解放的な世界を描くものであった。祭りの数週間前から女性たちは，村ごとに，畑仕事の合間や通常の時期には外出が許されていない夜間に集まって歌を作成し練習した。共同での歌の制作は，地域で女性として生きることを共に振り返り，自分たちを取り巻く状況を客観視することを通して，自己形成を促し集団の感情的結び

つきを形成する場になっていた。

　しかしながら，1990年初めに起きた国家の政治状況の変化による社会の政治気運の高まりを背景に，ティージの歌制作のあり方は大きく変わったという。まず，中央政府の批判や特定政党の支持といった自分たちの直接的な経験や感情とは結びついていない内容を反映した歌が多くなった。また女性の集団も，村を越えて，生徒間や同じ政党の支持者間で形成されるようになった。そして歌は，共同で自作したものを記憶するのではなく，作成した歌詞を書き記して共有したり既存の歌集に書かれた歌詞を見て歌ったりするものになった。そのなかで，リテラシーを身につけていない女性は歌の作成や実演から排除されるようになったという。

　祭りの歌にリテラシーの実践が結びついた結果，活動に参加できる女性たちの間では政治的市民としての意識を媒介に新たな関係性が構築された一方，活動に参加できない女性たちを生み出し，従来築かれてきた関係性を崩すとともに，村の女性たちの〈つながり〉を形成する歌制作の機能喪失につながったのである。リテラシーの実践がその能力を習得している個々人にのみ開かれたものとなるとき，〈つながり〉を分断する側面を持つ。

6 ▶ おわりに

　本章では，リテラシープログラムの事例や先行研究を通して，リテラシーの学びや実践と〈つながり〉との関係を複数の側面から捉えてきた。取り上げた事例は限られているけれども，〈つながり〉を生み出すリテラシーの学びと実践のあり方にいくつかの示唆が得られるであろう。ひとつは，学びを個人化することなく，共通の課題への気づきや課題解決に向けた行動，学びの目的に対する共感や共有に根ざしたものとすることである。また，学習内容や学習方法を含め学びのあり方は，学習者自身が中心となって作り上げるものとすることである。

　もうひとつ重要な示唆は，リテラシーの実践に読み書き能力の水準に関わらず誰もが参加できるようにすることである。それは，インフォーマルな学びによって習得された「隠れたリテラシー」が，「正しい」ものからの逸脱

ではなく同様に価値あるものとして承認されることを意味するし，社会参画のために求められるリテラシーのオルタナティブを考えることでもある。このためには，「正しい」リテラシーの習得と実践を当然とする人々の規範意識や社会のあり方の根本的な転換が必要となり，実現は難しそうに感じられるかもしれない。それでも，日本でも，たとえば「やさしい日本語」の研究や自治体における取り組みなど人々の関係性のなかで多様なリテラシーのあり方を実現する動きがみられている[18]。そのような動きや本章で取り上げた事例に描かれた人々は，「正しい」リテラシーを持つとされる人々と社会のまなざしを問い直し，豊かな生をもたらすリテラシーの学びと実践のあり方を探っていく契機を与えてくれる。

注

1) UNESCO, Final Report, Fourth International Conference on Adult Education, Paris, 19-29 March 1985.
2) UNESCO, Education for All 2000-2015: Achievements and challenges (EFA Global Monitoring Report), Paris: UNESCO Publishing, 2015.
3) OECD, OECD Skills Outlook 2013: First results from the survey of adult skills, Paris: OECD Publishing, 2013.
4) 佐藤学「リテラシーの概念とその再定義」『教育学研究』第70巻第3号，2003年，p.292。
5) 菊池久一「〈構成する活動〉としてのリテラシー」『教育学研究』第70巻第3号，2003年，p.341。
6) 小柳正司『リテラシーの地平―読み書き能力の教育哲学』大学教育出版，2010年，p.3。
7) かどやひでのり「識字／情報のユニバーサルデザインという構想」『ことばと社会』編集委員会編『ことばと社会』14号，三元社，2012年，p.141。
8) 竹内は，能力を個々人のみに属するものとして考えることを問題視し，個人レベルを超えて問う原理の必要性を提起している（竹内章郎『「弱者」の哲学』大月書店，1993年）。
9) Hanemann, U., The Evolution and Impact of Literacy Campaigns and Programmes 2000-2014, Hamburg: UNESCO Institute for Lifelong Learning, 2015, p.84.
10) Reflect, 〈http://www.reflect-action.org/〉（2016年1月7日最終閲覧）。
11) Archer, D. and Newman, K., Communication and Power: Reflect practical resource

12) Ibid.
13) Street, B. V. (ed.), Literacy and Development: Ethnographic perspectives, London and New York: Routledge, 2001.
14) Nabi, R., Rogers, A. and Street, B., Hidden Literacies: Ethnographic studies of literacy and numeracy practices in Pakistan, Bury St. Edmunds: Uppingham Press, 2009.
15) 金美善「移民女性と識字問題について―夜間中学に学ぶ在日コリアン一世の識字戦略」『ことばと社会』編集委員会編『ことばと社会』11 号,三元社,2008 年,pp.69-92。
16) 砂野幸稔「近代のアポリアとしてのリテラシー」『ことばと社会』編集委員会編『ことばと社会』14 号,三元社,2012 年,pp.4-42。
17) Holland, D. and Skinner, D., "Literacies of Distinction: (Dis) Empowerment in social movements", Journal of Development Studies, Vol.44, No.6, 2008, pp.849-862.
18) 東京都国際交流委員会／国際交流・協力 TOKYO 連絡会『日本語を母語としない人への情報発信等に関する実態調査報告書』2012 年。

人口転換に対応した
新たなコミュニティ施設創造の試み
―ドイツにおける「多世代館」振興政策の展開―

谷　和明

1 ▶ はじめに

　ドイツでは21世紀に入ってから，連邦家族高齢者女性若者省（以下，家族省）の振興計画に基づいて「多世代館 Mehrgenerationenhaus」[1]という新しい地域センター施設が開設されてきた。この計画は少子高齢化などの「人口転換 demographischer Wandel」に挑戦する家族政策の一環として構想されたもので，地域社会の全世代が集う「公共的な居間」の創造，「大家族」の現代版をモットーに，多様な住民の協働による地域形成の拠点となる施設の先駆モデルを全国400余の郡と独立市[2]に最低1館開設することを目標にしている。現在，大都市の高層団地から人口千名の村落に至る各地で，規模も多様な450ほどの館が飲食を提供するたまり場での活動を中心に，保育的事業[3]，高齢者ケア，家事支援，教育・文化活動，ボランティア促進，地域ネットワーク形成といった多様な事業を展開している。

　日本では戦後，公民館が法制化されて全国的に設置され，今日もなお地域センター施設の標準となっている。だがドイツには地域センター施設に関する全国政策はなく，各市町村が文化施設，社会福祉施設，住民集会施設などと位置付けて設置，補助してきた。名称，規模，運営形態も雑多であり，実態の把握も困難であった。そんなドイツで多世代館の全国的整備が政府の政策課題になったことは，地域センター施設の発展史における画期的変化だといえる。

　多世代館に関しては，魚住[4]が家族政策の新展開として，久万[5]が現代社会における共同性への回帰として紹介している。以下では，そのような視点

を参考にしつつも，地域センター型施設の再評価と現代的革新という観点から多世代館政策の展開過程と特徴を考察する。

2 ▶ 地域センター施設としての多世代館の特徴

(1) 多世代館の2類型

　多世代館という語からドイツ人がまず考えるのは，1990年代中期から広がってきた多世代共住をコンセプトとするコーポラティブ住宅や高齢者ホームである。多世代館には本章で検討する地域センター型に先行する住居型という類型があるのだ。両者は，名称だけでなく，人口転換に対応する多世代間交流・支援の促進という課題意識も共有している。実践的にも，地域センター型多世代館が事業を拡大して高齢者住宅を併設する事例，逆に大規模な高齢者ホームが交流拠点として地域センター型多世代館を開設する事例，つまり両機能兼備の多世代館も増加傾向にある。

　とはいえ，両者間には基本的な相違がある。住居型多世代館の普及には1960年代以降の「居住共同体（Wohngemeinschaft）」運動の影響があるのに対し，地域センター型は政府の家族政策の結果である。前者には既存家族制度を超えた新たな生活共同への模索が含まれるが，後者はあくまでも家族の維持を前提し，その支援拠点として構想されている。また，前者は高齢化対策の文脈で，後者は少子化対策の文脈で構想されたという相違もある。

(2) 地域センター施設と多世代館

　本章では地域センター施設を，①一定地域の住民の生活，文化，福祉の向上を目的とし，②皆に開放されたたまり場として，③利用者の運営参加を原則に，④多分野の事業の展開，⑤自主的活動の場の提供，⑥地域ネットワークの形成を行う施設，と暫定的に定義する。地域センター施設は，以上の要件すべてを満たす事業提供型と④を満たさない集会施設型に大別できる。多世代館は要件すべてを課題に掲げる事業提供型地域センター施設である。

　地域には青少年施設，女性施設，高齢者施設，保育園，図書館，成人教育施設，学校など，生活，文化，福祉のための地域施設が多数存在する。これ

らは，対象層の限定や事業分野の特化といった点で地域センター施設ではないが，部分的にその機能を果たしており，代用されることもある。つまり，対象層と事業分野を拡大すれば地域センター施設に発展可能である。実は，それを励起・支援することが多世代館振興政策の目的なのである。

(3) 多世代館の原型と現況

多世代館の母体となった施設，つまり原型（Prototyp）を示すのが表1である[6]。振興政策が，多様な地域施設を対象とする「多世代館化」政策であることが確認できる[7]。表の3番目までは子育て世代支援施設である。つまり多世代館の半数以上は，子育てを基軸にして地域全世代の協働をめざす施設なのだ。次に多いのが，教会施設を含む住民集会施設が専門職を雇用して多世代を対象とする諸事業に着手する事例で，2割強ある。これらの施設が図1のロゴマークを看板に掲げて①必須要件である飲食提供のあるたまり場を設置しての多世代交流事業や情報提供・相談事業の多彩な展開，②自施設の本来事業の多世代化，③不足事業分野—保育的事業，高齢者事業，文化・学習事業，ボランティア促進事業など—の拡充を通じて多世代館化してきたのである。それゆえ，表の原型を総合したものが多世代館の平均像だといえる。それを，2014年段階の調査結果[8]等によって補ってみる。

館の設置者は自治体（市町村および郡）が16％，民間法人が84％と民営形態が圧倒的である。ただし後者の半分以上は，巨大福祉団体の地方組織である。建物の広さは約1000㎡で，飲食提供できるたまり場を中心に構成されている。職員は専任5.8名，ボランティア32.1

表1 多世代館の原型（2008年段階）

原型	比率
保育的事業施設拡張型	12%
家族センター／母親センター拡張型	21%
家族教育施設拡張型	24%
学校・スポーツ・文化施設拡張型	9%
高齢者教育・集会施設拡張型	14%
住民集会施設拡張型	21%

BMFSFJ（2008）S12

図1 多世代館のロゴマーク

表2　所在自治体規模・財政規模別館数

予算規模（€）＼自治体人口	1万5千人未満	1万5千人～5万人	5万人以上	計
4万～6万	60	45	29	134
6万～15万	49	64	60	173
15万以上	37	44	59	140
計	146	153	148	447

BMFSFJ（2015）S.4 に基づき作成

名（1週39時間のフルタイムに換算すると専任3名相当，ボランティア2.8名相当）で，年間60件余の恒常的事業プログラム（多世代交流に留意した保育的事業，高齢者介護，食事・家事サービス，学習・文化事業，ボランティア促進，地域ネットワーク構築等）を実施している。それらの恒常的利用者は1日あたり100名強（うち女性68％。移民的背景のある人24％）である。

　表2は多世代館を施設規模と所在自治体規模に応じて分類したものだ。施設規模もだが，特に自治体規模がほぼ均等に分布している。これは，振興対象を選定する際，規模や立地条件の偏りのないことを原則としたためである。つまり，多様な条件ごとのモデル施設育成が，振興政策の狙いのひとつとなっている。

3 ▶ 多世代館振興政策の生成

(1) 振興政策の生みの親ライエン

　多世代館振興政策は2002年秋，ニーダーザクセン州で翌年の州議会選挙に向けたキリスト教民主同盟（CDU）の選挙公約の目玉として登場した。政権復帰を目指すCDUは，選挙戦の看板としてウアズラ・フォン・デア・ライエン（Ursula von der Leyen）——当時44歳，元州首相の娘，多彩な職業・社会活動歴をもつ医学博士，14歳を先頭に7児を育児中の母親——を登用し，家族・社会分野担当大臣予定者とした。ライエンは，「母親は家庭

という党内保守派の家族観に一線を画した積極的家族政策を推進する抱負で受諾，その第1弾として多世代館計画を打ち上げた。この経過を報じた同年11月1日付の地元紙は，計画に対する彼女の意気込みを伝えている[9]。

CDUの勝利により2003年3月に州「社会女性家族保健省」大臣に就任したライエンは早速，多世代館振興計画を推進した。他方，一躍時の人となった彼女はCDU全国組織内でも頭角を現し，05年11月には第1次メルケル政権の家族省大臣に転身する。こうして，多世代館が全国展開することになった。ライエンは多世代館政策の生みの親とされている。

(2) ザルツギッターSOS母親センター

ライエンの政策形成に影響を与え，多世代館のモデルとされるのが，ニーダーザクセン州の10万都市ザルツギッター市で活動する「SOS母親センター（SOS-Mütterzentrum Salzgitter）」である。ここで設立以来館長を務め，政策助言者ともなったヒルデガルト・ショース（Hildegard Schooß）は「多世代館の母」ともいわれる。

この施設は1980年，ドイツで最初の「母親センター」[10]としてショースたち女性運動参加者を担い手に設立され，小さなたまり場を拠点に若い母親への教育・相談，自助活動支援を開始した。84年に，国際的に児童養護施設を運営する福祉団体「SOS子供の村 SOSKinderdorf e.V.」が経営を引き受けることになり，その財政支援を背景に積極的に事業を拡大していく。

1987年には高齢と若年の相互支援をモットーに地域サービス部門を立ち上げ，若い女性の就労機会でもある家事支援サービスを始めた。それが拡大して高齢者支援部門が独立し，97年には介護施設に認定される。他方89年には「生徒たまり場」を，93年には州政府の助成を得て「女生徒カフェ」を立ち上げ，たまり場活動を青少年に拡大していった。94年には1～6歳児を預かる「ミニ幼稚園」を開設，96年には生徒たまり場活動から派生した学童保育を統合して12歳児まで預かる保育的事業「子供の家」へと拡大した。

この頃2000年にハノーファー市で開催される万博への参加が決まり，州予算によって活動経験を集約した2,000平米の建物が新設された。移転の終

表3 ザルツギッター SOS 母親センターの事業部門

事業部門	主要内容
開放的たまり場カフェ	多世代交流／学習・文化・スポーツ／相談・情報提供
地域サービス	昼食（館内・宅配）／家事代行／自助ショップ（理容／中古衣料／コインランドリー等）
児童・青少年活動	たまり場活動／相談／創作・音楽・スポーツ講座
高齢者サービス	館内デイケア／在宅ケア／介護相談
子供の家	1～12歳児，19人×4クラス
就労支援・職業教育・相談	若者工房／施設管理・飲食業の養成教育／職員・利用者の研修

SPI（2000）S.311 に基づき作成

わった 2000 年には，「すべてを一つ屋根の下に」「公共的な居間」をモットーに専任職員 31 名，謝金職員 33 名と多数のボランティアが表 3 のような多様な事業を展開する，大規模な地域センター施設に発展していた。

この頃刊行された論文集のなかで，ショースはセンター事業の構成について，その中心は「自助」であり，自助を体現した空間である「たまり場カフェ」が活動の核となり，そこを軸に他の事業分野が展開する，と説明している[11]。この自助原則に立脚した施設理念が，センターの発展過程や事業内容と共に，ライエンの政策化のモデルとなったのである。

4 ▶ 多世代館振興政策の展開

(1) ニーダーザクセン州計画

2003 年 6 月に公示されたニーダーザクセン州計画は，多世代館を「開かれた昼間のたまり場であり，あらゆる世代が出会い，コミュニケーションし，共同して活動する場」と規定し，①世代間の交流機会の改善，②市民のボランティア活動の促進を目標に，たまり場活動，保育的事業，高齢者サービス等の地域課題を行う施設とした[12]。活動原理として「自助の支援 Hilfe zur Selbsthilfe」という自助原則を重視し，運営へのボランティア積極的活用も課題とされた[13]。

振興方策の要旨は，多世代館のモデル施設を州内 46 の郡・独立市に最低 1 館，計 50 館開設することを目標に，優れた構想，計画，遂行能力を有する事業者（自治体ないしは民間法人）を選定して年額最高 4 万ユーロの補助金を最長 5 年間支給するというものである。

　4 万ユーロは，多世代館事業を担う職員（専任（20 時間）1 名＋ミニ・ジョブ（低額非正規雇用）若干名）の人件費と事業経費（消耗品，謝金）として算定され，建物の新増設，改修や高額備品への支出は禁じられた[14]。開設に必要な初期費用は設置者の自己責任としたうえで運営費の一部を補助するという補完性原理，自助原則に基づく政策であり，新設ではなく，既存地域施設の多世代館化を支援する政策であった。

(2)　連邦「行動計画」の展開

　ニーダーザクセンでは 2003 年 10 月，全国初の多世代館 2 館が開館した。その後も順次増加し，06 年 3 月に 25 館目が開館した後は，連邦家族省の「多世代館行動計画 Aktionsprogramm MGH」へと引き継がれた。

　2006 年 8 月に公示された行動計画は，国内 439 の郡・独立市に最低 1 館，計 500 館を目標とする 07 年からの 5 年間プロジェクトであった。実施を前倒しして 06 年 11 月に最初の 59 館が開館，さらに 07 年中に 145 館，08 年初めに 300 館が開館し，公称 500 の施設が多世代館の看板を掲げ，補助金で担当職員を雇用して事業の拡張，多世代化を進めた。

　2012 年にはそれを継承・発展させる「第 2 次多世代館行動計画 Aktionsprogramm MGH II」が，14 年までの 3 カ年計画として発足し，第 1 次計画[15]から継続の 411 に新規 42 を加えた 453（公称 450）館への振興が行われた。計画は 2 年間延長され，さらに 17 年から 4 年間の「多世代館連邦計画 Bundesprogramm MGH」に継続されることが決定した。振興予定数はやはり 450 とされたが，16 年 5 月末までに 579 件の応募があった。審査により約 550 館が選定され，本年 1 月から新計画がスタートしている。

5 ▶ 行動計画の多世代館像

(1) 多世代館の理念

　第1次計画は，郡・独立市に最低1館の配置，4万ユーロの補助金などニーダーザクセン計画を踏襲したものだが，その先行経験も踏まえ，多世代館の理念と構想をさらに明確にしている。

　計画は，多世代館を人口転換への積極的挑戦の地域拠点と位置付け，「多世代館とは大家族の原理を現代的形態で生かす場であり，全世代の人々が日常的に自然体で出会って，学び合い，助け合いを体験する場である」[16]と規定する。そのうえで，2つの役割・目標を挙げている[17]。

　第1は，「社会的な生活モデル soziales Lebensmodell」となり，世代間の交流，学習，相互支援を多面的に実現し，多世代館と地域住民の「社会力 Gesellschaftliche Kompetenzen」，つまり共助能力を向上させることである。

　第2は，「社会的持続可能性 soziale Nachhaltigkeit」の要因となり，多世代館と地域社会の「経済力 Wirtschftliche Kompetenzen」，つまり自助能力を向上させることである。要するに，地域内のサービス供給ネットワークを活性化し，それを基盤に多世代館も補助金なしで持続可能となることである。

　自助を基本原理とした地域拠点として構想されていることがよくわかる

(2) 多世代館の事業課題とその特徴

　計画は，振興対象の選定基準というかたちで，多世代館が実行すべき7つの基本的な事業課題を設定している[18]。

　◎4世代の統合（未成年，成人，50歳以上，後期高齢者の相互支援）
　◎飲食施設付きの開放的たまり場（館全体を「公共的な居間」にする）
　◎地域の情報とサービスの「転車台」（事業だけでなく仲介者の役割）
　◎既存の事業，事業者との協働（域内の施設，団体のネットワーク）
　◎地域経済を巻き込む（企業との関係を深め，支援を受け，共存する）
　◎保育的事業（家庭と職業の両立のため，待たせず，お役所的でない保育）

◎**協働の新しい方法**（専門職と素人，職員とボランティアの対等な協力）

以上の課題設定に示される多世代館の特徴を挙げてみる。

第1は，館の提供事業に関わる課題よりも，行政，団体，企業，住民を巻き込んだ地域づくりネットワーク拠点としての課題が多いことである。

第2は，飲食施設付きのたまり場を必須条件にしていることである。

第3は，世代を社会機能的に，①被保護世代，②出産・育児世代，③余裕と活力のある熟年世代，④要支援世代の4世代としたこと，つまり「大人」世代を支援が必要な②世代と支援力のある③世代に区分したことである。

第4は，保育的事業の重視である。これは，多世代館政策が②世代，特に女性の負担を③世代のボランティアによって軽減し，少子化に歯止めをかけるという文脈上で構想されたことを示している[19]。

これに関連して注意したいのは，第1節で触れた6原型のうち最初の3つが出産・育児世代支援に関わる家族政策の管掌施設であり，それが量的にも過半であることである。これは，多世代館政策が，出産・育児世代への地域ぐるみ支援体制構築に向けた家族政策施設の再編強化を主内容として形成されたことを示している。

5 ▶ 多世代館化振興から持続的発展支援への展開

(1) 第2次行動計画以降の新たな重点課題

第2次行動計画では，5年間の経験とドイツ社会の変化を反映して，新たな4つの重点課題が提起された。それは，①「高齢と介護」（特に，認知症患者および介護者の支援），②「統合と教育」（外国人など移民的背景を持つ人々を対象とする事業），③「家事支援サービスの提供と仲介」，④「ボランティア参加」である[20]。

このうち，③は第1次計画の経験で地域ニーズの高さが証明されたことが理由とされている。④は従前からの主要課題だが，2010年に政府が策定した「国民参加戦略」を受けて重点化された。①と②は社会変化に伴う，新たな社会的要請への対応である。特に②は，「人口転換」問題に移民的人口の増加を含めた点で，「多世代」概念の拡張を意味している。

2017年から始まった連邦計画は，義務的重点課題として「人口転換の形成」（家庭と職業の両立，家庭と介護の両立，高齢期の自己決定的な人生，若者に公正な社会，就労可能性の向上および職業教育と雇用の統一）を，任意的重点課題として「移民および難民経験を有する人々の統合」を挙げている[21]。前者は人口転換をチャンスとしてとらえ，各世代が固有の課題を主体的に構築するという立場を鮮明にしている。後者は，焦眉の課題である急増難民受け入れが中心で，任意とされたのは地域差が大きいからである。

(2) 地方自治体の基本任務化

第2次計画では振興方法に関して，国と自治体との共同負担方式が導入され，補助金4万ユーロのうち1万ユーロを多世代館の所在自治体が負担（郡さらには州による一部負担も可）することになった[22]。自治体が多世代館の維持を政策課題と位置付け，補助終了後の自立運営体制の確立に多世代館と協力して真剣に取り組むことを促す措置である。連邦計画はこの方向性をさらに進め，振興の目的自体を「市町村が，多世代館を組み入れることにより，人口転換を最善の方法で形成していくことを支援する」ことだとしている[23]。

このように多世代館政策は，地域施設の多世代館化を促進する段階から，館の制度的維持を市町村の基本任務に位置付けることを促進する段階へと移行しつつある。これは，政策の基本原理である自助原則のさらなる具体化であると同時に，市町村の任意課題とされ，文化政策と社会福祉政策の周辺・境界に置かれてきた地域センター施設の整備を，人口転換社会の基本課題として再提起したことを意味する。

6 ▶ おわりに

地方自治体による地域センター施設の整備は，1950年代から専ら社会民主党（SPD）によって推進されてきた。CDUは行政の関与には消極的で，教会コミュニティへの侵食，左翼の拠点などと批判することもあった。70年代以降，「新しい社会運動」を背景に，「社会文化センター」という事業型

地域センター施設を市民が自力で開設・運営する運動が広まるが，それを助成したのもほぼSPD与党の自治体であった。この歴史を振り返れば，多世代館という事業型地域センター施設の開設を全国規模で振興し，その整備を市町村の基本課題に位置付けようとする画期的な政策が，CDU政権によって開始されたことの画期性も明らかになる。

　これは，社会文化センターに代表される市民運営の事業型地域センター施設（ザルツギッター母親センターもそうである）が普及して大きな実績を挙げ，その有益性に関する社会的認知が党派を超えて高まってきた結果である。多世代館政策とは市民主導の地域センター施設という果実を「運動」抜きで，計画的，効率的に育成しようとする試みだといえる。

　「運動」抜きの市民主導の集約表現が「自助」原則である。それを施設理念とする点が，市民（民衆）の文化権や生活権の実現，保障を理念としてきた従来の地域センター施設との基本的相違である。自助を原理とし，大家族が集う居間をモットーとする多世代館は，すぐれてCDU的な地域センター施設構想である。それゆえ，政府の地域センター施設認知を歓迎する意見[24]の反面で，自助を強制する保守的社会政策という批判もある[25]。対象施設の半数近くが既存大福祉法人を運営母体としており，必ずしも草の根市民の自発的，創造的な参加，自助ではないという指摘もある。

　既述したように，多世代館政策の特徴は，全国均等に500ほどのモデル施設を育成し，周辺市町村，地区での地域センター施設の創設，改革，発展への自主的努力を誘発することめざす点にある。現在はあくまでもモデル育成の段階であり，それが意図通りの波及効果を生むか，今後の展開を観察する必要がある。

　特に注目したいのは，過疎化や高齢化の進んだ農村部における多世代館の普及，定着の可能性である。なぜなら，これまで農村部では小型の集会施設が集落単位で整備され，専門職のいる事業型センターはほとんどなかったからである。事業型地域センター施設はSPDの影響力と市民運動基盤の強い大都市中心に発展してきた。それを市民運動基盤も自治体財政力も弱体な郡部にも拡大し，持続できるかが，多世代館振興政策の試金石となるだろう。

注・参考文献

1) 後出の魚住，久万は共に「多世代の家」と訳している。けれども，ドイツ語 -haus は日本語「館」と同じく事業施設やビルの呼称として一般的に使用される語であり，あえて「〜の家」と訳す理由がないので，本章では「多世代館」と訳した。
2) 2014年現在ドイツの市町村数は 11,116 と日本の6倍以上あるが，107の独立市（kreis-freie Stadt）を除く 99% 以上の市町村は広域自治体としての郡（Kreis）に属している。郡は 295 あり，それに独立市を加えた郡レベル自治体数は 402 となる（2006年の政策発足時は 439）。平均規模は，郡は5市31町村で構成され，面積 1100 km² 余，人口 19 万弱，独立市は面積 150 km² 弱，人口 24 万余となる。
3) 本章で保育的事業としたのはドイツの「児童デイケア Kindertagesbetreuung」のことで，保育，幼稚園，学童保育を包括する事業領域である。
4) 魚住 明代「ドイツの新しい家族政策」国立社会保障・人口問題研究所『海外社会保障研究』No.160, 2007年9月号, pp.22-32。
5) 久万明子「社会の原点への回帰を実現する「多世代の家」『ニッセイ基礎研 Report』2008年4月（http://www.nli-research.co.jp/report/detail/id=38651）
6) BMFSFJ（Bundesministerium für Familie, Senioren, Frauen und Jugend）(Hg.): Erste Ergebnisse der Wirkungsforschung im Aktionsprogramm Mehrgenerationenhäuser. Berlin 2008 S.12
7) Christoph Emminghaus, Melanie Staats, Christopher Gess (Hg.): Lokale Infrastruktur für alle Generationen. Ergebnisse aus dem Aktionsprogramm Mehrgenerationenhäuser. W. Bertelsmann Verlag 2012 S.15
8) BMFSFJ(Hg.): Benchmarking. Bericht auf Programmebene. Berlin 2015
9) Großes Ziel „Gesundheitsland". (01.11.2002) Braunschweiger Zeitung（http://www.braunschweiger-zeitung.de/lokales/grosses-ziel-gesundheitsland-id325944.html）
10) 母親センターは，従来の両親教育の知識伝達主義への批判を踏まえ，非教育者が学習主体となり，グループ活動を通じて育児力や社会参加力を獲得していくたまり場として構想された。現在「連邦母親センター連盟」（http://www.muetterzentren-bv.de/）に約 400 施設が加盟している。
11) Sozialpädagogische Institute des SOS-Kinderdorf e. f. (SPI)(Hg): Die Rückkehr des Lebens in die Öffentlichkeit. Zur Aktualität von Mütterzentren. Hermann Luchterhand Verlag 2000 S.317
12) Niedersächsisches Ministerium für Soziales, Frauen, Familie und Gesundheit（Hg.）: Mehrgenerationenhäuser in Niedersachsen. Hannover 2007 S.2
13) Andrea Warda: Die vereinbarkeit Beruf und Familie. Der Beitrag Sozialer Arbeit in Mehrgenerationenhaus. Hamburg 2007 S.47

14) ebenda. S.48
15) 第2次行動計画の決定に伴い，従来の計画は第1次行動計画と呼ばれるようになった。
16) BMFSFJ(herg.): Das Aktionsprogramm Mehrgenerationenhäuser. Konzept. Berlin 2006 S.3
17) Ebenda. SS.4-7
18) Ebenda. S.7ff.
19) ライエンは家族相就任後，党，教会内の保守派と論争しつつ保育的事業の拡充，料金の軽減・無償化，両親手当など，出産・育児の負担軽減政策を積極的に推進した。多世代館もその文脈に位置付けられていた。
20) BMFSFJ: Programmbeschreibung Aktionsprogramm Mehrgenerationenhäuser II Berlin 2011
21) BMFSFJ: Förderrichtlinie Bundesprogramm Mehrgenerationenhaus. Berlin 2016 S.8ff.
22) BMFSFJ: Förderrichtlinie des Aktionsprogramms Mehrgenerationenhäuser II. Berlin 2011 S.3
23) BMFSFJ(2016)S.5
24) Georg Zinner: „Mehrgenerationenhäuser": Ein Aktionsprogramm der Bundesregierung zur Schaffung neuer Nachbarschaftseinrichtungen. in: Verband fürsozial-kulturelle Arbeit e.V.: Rundbrief 1 2006. Berlin 2006 S.4
25) Frank Eckardt:Das deutsche „Mehrgenerationenhaus". Die falsche Antwort auf ein komplexes Problem. in: SOZIALEXTRA OKTOBER 2006 S.33

コミュニティ学習の場の創造
―イギリスの事例から―

関　直規

1 ▶ はじめに

　本章は，イギリスの最貧困地区の一つであるロンドンのタワー・ハムレッツ区（London Borough of Tower Hamlets）が新設した，「図書館」（library），「学習」（learning）及び「情報」（information）の三つをコア・サービスとする「アイディア・ストア」（Idea Store）の事例を検討しようとするものである。アイディア・ストアは，従来の図書館並びに成人教育センターに加えて，IT設備，集会施設，カフェ，キャリア・健康支援や各種アクティビティ等を統合した新しいタイプの教育施設であり，大都市の生活に困難を抱えた住民のためにコミュニティ学習の機会を提供している。

　経済，政治，社会，情報ないし文化等のグローバル化が進み，複雑化する現代社会において，誰もが身近な場所で学ぶことのできる環境を整備することが，日本を含め，世界の共通課題になっている。国際比較研究の視点から，学校的教育機関が主流をなしてきた成人教育施設に関して，地域における住民の自主的活動に重点を置き，その活性化に努める施設も比重を増している，と議論されている[1]。こうした方向性の中で，アイディア・ストアは，不参加層の学習阻害要因や新たなニーズを考慮しつつ，コミュニティ学習の場を創造することに挑んだ。グラスゴー大学のP.インノチェンティ（P. Innocenti）は，「間違いなく，アイディア・ストアのネットワークの構成は，非常に成功し，発展し続けている」[2]と指摘しており，国際的な関心は高い。公共図書館改革の事例として知られているが[3]，社会教育・成人教育研究の立場からのアプローチは少なく，特に，コア・サービスの一つである「学習」の領域を含めた検討は，必ずしも十分ではなかった。

以上をふまえ，本章では，最初に，タワー・ハムレッツ区の地域特性及びアイディア・ストアの誕生の経緯や具体的構想について検討する。次いで，2015年夏に視察する機会を得たアイディア・ストア・クリスプ・ストリート（Idea Store Chrisp Street）の現場の取り組みを，「学習」の領域に焦点を当てて，明らかにする。そして，富と貧困が隣接し，格差が拡大するグローバル・シティにおける〈つながり〉の実践という観点から，その特色を考察したい。

2 ▶ アイディア・ストアの構想

タワー・ハムレッツ区は，32のロンドンの自治区（London boroughs）の一つである。この地域は，国内外の労働者の移住地として長い歴史を持つが，2011年のセンサスによると，人口は254,100人で，その内，白人が45％，その他のエスニック集団が55％を占めている。過去10年間でほとんどのエスニック集団の人口は増大しており，とりわけ，バングラデシュ人の構成比は32％に達し，全国のバングラデシュ人の約2割が，同区に集住している。また，就業者層における失業者率は6.7％で，全国平均の4.4％より高い。そして，長期にわたる健康問題や障害を抱えている者の割合は17.9％で，全国平均の14.2％を上回っている[4]。国際的ビジネス街として影響力を持つカナリー・ウォーフ（Canary Wharf）を含んでいるが，同時に，マイノリティのエスニック集団が増大し，労働・健康問題に直面しているイギリスの最貧困地区の一つとなっている。

さて，そうした住民による同区の公共サービスの利用は，かつては低調であった。公共図書館の利用者は，全ての住民の2割に届かず，区の成人教育事業への参加者は，5％に満たなかった。そこで，区では，既存のサービスの問題点等を把握するための調査を実施し，その結果，以下の諸点が明らかになった[5]。住民は，公共図書館を評価していたものの，書籍やITへの投資や，ライフスタイルに合う開館時間の延長を求めていた。そして，公共図書館や成人教育センターの非利用者の多くが，施設の立地の悪さを指摘した。住宅街に取り残された廃校等を使うケースがあったのである。さらに，

61％の人々は，買い物がてらであれば，公共図書館を利用する，と回答した。ショッピング・センターは，余暇時間を過ごすだけでなく，公共交通機関の集中する利便性の高い場所にあり，40％の世帯が車を所有していないタワー・ハムレッツ区では，日常生活の主要な場となっていた。

　課題を明らかにした上で，区は，従来の不参加層の開拓を目指す，新しい施設のコンセプトを提示している。その中核的価値は，エンゲージ（engage），エンパワー（empower）並びにエンリッチ（enrich）である。まず，住民の興味をそそり，それができれば，新しい利用者の心を惹き付ける革新的方法を見つける（エンゲージ）。ひとたび関心を引いたのならば，住民のニーズに耳を傾け，積極的参加を促すことが重要となる（エンパワー）。職員は，市民により深く関わり，書籍の管理者というよりも，ファシリテーターの役割を果たす。その際，伝統的な図書館の近づきがたい形式性が，非伝統的な利用者の排除を招くことから，より自由な方法を用いる必要がある。それゆえ，否定的な掲示（飲食禁止，携帯電話禁止等）を止める。さらに，開放的で柔軟な空間，豊富なガラスや自然光，美しい都市の景観を眺めることができるカフェ，ヨガやサルサ・ダンスのようなクラスを享受できる機会が，住民に質の高い経験をもたらす（エンリッチ）。なお，これらの三つの中核的価値は，職員にも適用される。調査から，人々は顧客対応や店舗感覚に好感を持っていることがわかった。その目的は営利ではなく，無償の公共サービスだが，職員はカウンターに座っているのではなく，フロアで利用者を友好的に支援するのである[6]。

　1999年4月，区は『タワー・ハムレッツのための図書館・生涯学習の発展ストラテジー』を発表した。この中で，施設の新しい構想を次のように描いている。「アイディア・ストアは，人々が生活のあらゆる側面の情報を求め，新しいスキルを身に付けるために訪れる初めての場所となるであろう。統合的かつ魅力的な方法で，図書館や生涯学習の設備を提供する予定である。地域コミュニティの中心となり，コーヒーを飲み，友人に会い，買い物の途中で休憩し，たくさんの設備を享受することができる場所である。そして，現代の最高水準の建築とグラフィック・デザインを活用し，魅力的外観と居心地の良い室内空間が設計される。小売・余暇産業，他の自治体，教育

団体から最適の着想を取り入れる。また，図書館運動や教育セクターの最良の伝統も維持されるだろう」[7]。なお，「アイディア・ストア」の名称の由来について，アイディア・ストアのデュプティ・ヘッド（Deputy Head）であるセルジオ・ドリアーニ（Sergio Dogliani）氏は，次のようにコメントしている[8]（写真1）。まず，フォーマルな場を想起させる「図書館」（library）を，自分たちとは無縁の世界と受け止めていた移民たちのイメージを変える必要があった。世界のあらゆる言語に含まれる「アイディア」（idea）は，非常に好奇心に駆られる言葉であり，「ストア」（store）は，住民の用いる頻度の高い，親しみやすい日常的言葉である。したがって，これから幅広い教育サービスを展開しようとする施設のコンセプトに合致する。なお，ストラテジーでは，週7日間の開館を提案し，また，ショッピング・センターの中心等の利便性の高い立地に，7館のアイディア・ストアを計画した。

以上の構想に基づき，2002年5月，最初のアイディア・ストアがボウ（Bow）に誕生した。2004年7月，クリスプ・ストリートに，2005年9月，ホワイトチャペル（Whitechapel）に，世界的な建築家D. アジャイ（D.

写真1　セルジオ・ドリアーニ氏（右）と筆者（左）
（出典）アイディア・ストア・ホワイトチャペルで撮影。

Adjaye）の設計で相次いで完成し，注目を集めた。さらに，2006年3月には，国際的ビジネス街のカナリー・ウォーフに進出を果たす。そして，2013年5月に，ウォトニー・マーケット（Watney Market）に最も新しい5館目が開館した。アイディア・ストアは，図書館，学習及び情報を共通のコア・サービスとする一方で，開設する地元住民への貢献も目指している。そこで，2015年に，施設を統括するマネージャー（manager）であるショー・ラフマーン・カーン（Shaw Rahman Kahn）氏に取材する機会に恵まれた，クリスプ・ストリートに着目し，現場でどのようにコミュニティ学習の場を創造しているのかについて検討したい[9]。

3 アイディア・ストア・クリスプ・ストリートのコミュニティ学習

　クリスプ・ストリートには，19世紀半ばからマーケットが存在していたが，1951年，第二次世界大戦後に開発されたランズベリー団地（Lansbury Estate）の近くに移動した。その後，現在に至るまで，割安の衣類，果物，野菜，家庭用品を扱う伝統的な露店が混在し，大勢のアジア系商人が出店している[10]。バングラデシュ人を中心に，多様なエスニック集団が生活する地域である。大通りからこのマーケットに至る歩行者広場の一角に，二館目のアイディア・ストアが開館した。既存の店舗に組み込み，その屋根を構造的に利用し，一階よりも二階部分が広く，両フロアは入口近くの階段とエスカレーターが結んでいる[11]。また，青と緑のストライブ柄のガラスの色鮮やかな外観は，開設地に存在感を示している（写真2）。2005年，英国王立建築家協会（Royal Institute of British Architects）のロンドン・アウォード（London Award）を受賞した。

　この施設の一階には，チルドレンズ・ライブラリー（children's library）やプライバシーに配慮した面接室がある。二階には，各種学習コースの会場となるラーニング・ラボ（learning lab）が4室，インターネットが無償で活用できるサーフィング・スペース（surfing space），一般向け書籍のあるアダルト・ライブラリー（adult library），青少年優先のティーン・ゾーン

(teen zoon),ヘルプデスク（help desk），ベンガル語書籍等を揃えたコミュニティ・ランゲージ（community language）のコーナーがある。ディスプレイ・パネルが情報を提示し，案内表示のデザインは統一されている。フラッグシップであるホワイトチャペルほどの広さやカフェはないものの，アイディア・ストアとしての標準的な設備を整えている。

　ところで，クリスプ・ストリートを含むタワー・ハムレッツ区の地域課題の一つに，住民の健康問題がある。男性の平均寿命は，全国最低水準であり，子どもや成人の肥満も深刻である。また，病気や障害等で就労不能のため，給付を受けた住民の4割以上が，メンタル・ヘルスを理由としていた。同じように失業率が高い他の地域とは異なり，仕事がないことが理由ではない[12]。そこで，現在，アイディア・ストアは，住民の健康支援に重点に置いている。多様なサービスが，タワー・ハムレッツ区の全ての人々の「完全な身体的・社会的ウェルビーイング」（世界保健機関）に大きく貢献する，という視点に立ち，図書等による情報の提供はもちろん，周囲の人々とつながることや，楽しめる身体活動を見つけること，さらに，コースに参加し，学

写真2　アイディア・ストア・クリスプ・ストリートの南面
（出典）筆者撮影。設計にあたって，大通りから見て，存在が引き立つように，建物の角度が調整されている。

び続けること等を，健康を実現する実践的なアプローチとして提案するのである[13]。

この視点から提供される学習コースは，アイディア・ストアのラーニング・ラボ等を会場に，調理，ダンス，外国語，家族，芸術ないしDIYスキル等の幅広い分野に及んでおり，2015-16年のコース数は，800を超える[14]。そこで，ビジネス，健康，外国語，視覚芸術の4つの分野のプログラム・マネージャー（programme manager）を置き，専門的コースを開発している。また，教授活動を担うチューター（tutor）は，必要に応じて，外部から募集する。クリスプ・ストリートでは，外国語としての英語（English for Speakers of Other Languages）やITのニーズが高く，後者に対応するため，ラーニング・ラボの一室を改装し，パソコン室としても利用できるようにしている。また，コースの受講者の便宜を図るため，施設内にテキストや参考文献のコーナーがある。他方，書籍やIT設備等を利用する個人は，空間を共有している受講者の活動が目に留まりやすくなり，コースへの関心が高まる。成人教育センターと公共図書館の統合のメリットを生かしているのである。

フォーマルな学習コースだけでなく，各種のアクティビティやイベント，近隣の団体や教育機関と連携するサービス等のインフォーマルな学習コースも無償で開催している。クリスプ・ストリートでは，親子に読書の機会を提供するストーリー・タイム（平日の午前中），コンピューターの幅広い活用方法を学ぶコンピューター・クラブ（水曜日の午後），青少年のためのホームワーク・クラブ（金曜日の午後），父親の参加を促すダッズ・クラブ（土曜日の午後），6歳から12歳の子どもの創造性を高めるアート・クラブ（日曜日の午後）等のアクティビティがある[15]。また，バレンタインデー・カードや新年カレンダー作り，運転免許試験対策のワークショップ等のイベントも開催している[16]。さらに，近隣の小学校の保護者を対象とした，子どもの安全な情報環境に関するIT研修会等がある。先のフォーマルな学習コースが，全ての区民を対象としているのに対して，インフォーマルな学習コースは，地元の住民のための親しみやすい企画が多く，地域の親睦や交流の仕掛けとなり，健康実現に向けた，周囲の人々とつながる貴重な機会となってい

る。また，その内容は入門的であり，フォーマルな学習コースの導入になりうる。アイディア・ストアでは，書籍やIT等による個人の学習の促進，誰でも気軽に参加でき，仲間づくりを伴うインフォーマルな学習コースの実施，そして，チューターの専門的指導を受けるフォーマルな学習の支援が，それぞれの固有の役割を果たしながら，相乗効果を発揮している。

　この内，インフォーマルな学習コースの大部分を担当する現場の職員は，施設と住民を結び付ける上で，不可欠の役割を担っている。そこで，職員には，書籍，教育やIT等の専門的能力だけでなく，顧客対応の適性やコミュニケーション能力が期待されている。このことは，多様で複雑な文化的・社会的背景を持つ住民が暮らすタワー・ハムレッツ区で，一層重要な意味を持つ。アイディア・ストアは，学習のあらゆる局面で，住民の多様性及び平等性を尊重・促進しつつ，従来の不参加層を開拓することで，豊かなコミュニティ学習の世界を創造しているのである。

4 ▶ おわりに

　以上，タワー・ハムレッツ区におけるアイディア・ストアの動向を検討してきた。「学習」の領域に焦点を当てて，その特色をまとめると，次の三点が指摘できる。

　第一に，エンゲージ，エンパワー及びエンリッチという施設のコンセプトにある中核的価値が，物理的環境からサービスまで貫かれていることである。アジャイの革新的デザインは，商業・娯楽産業が身近な現代の大都市生活に調和するもので，従来の成人教育センター等の固定的イメージの転換に成功している。そして，チューターが指導するフォーマルな学習コースの提供で，住民の潜在的可能性が開花する。さらに，職員は，フロアで利用者を友好的に直接支援することに加えて，インフォーマルな学習コースを実施する。対人援助の資質と能力を持つ職員が，施設と住民の〈つながり〉を保障している。

　第二に，継ぎ目のない，シームレスなサービスを提供している点である。三つのコア・サービスを中心に，それぞれの機能を充実させつつ，同一空間

で統合されることで，学習の機会が広がり，その質が高まっている。フォーマルなコースの受講者は，施設の様々な資源・設備を活用し，主体的に学習を進めることができる。他方，コースの受講に心理的距離がある住民にとって，個人の利用の延長線上に，フォーマルないしインフォーマルな学習コースに参加しやすい環境になっている。継ぎ目のないサービスが，重層的な学習の世界を生み出しており，様々な事情を抱える住民にきめ細かく対応するとともに，学習者相互の〈つながり〉を生む肥沃な土壌になっている。

第三に，地域課題解決型の施設の役割を果たしていることである。現在，アイディア・ストアは5館あるが，フォーマルな学習コースの受講に関する地域的制約はなく，どの施設で参加してもよい。他方で，近隣の団体や教育機関と連携するサービスや各種アクティビティ等は，主に地元住民を対象としており，その定期的・継続的実施が，近隣の人間関係の形成を促している。健康問題解決のアプローチの一つである周囲の人々の〈つながり〉は，身近な施設やそこでのインフォーマルな学習コースを媒介とすることによって，実現可能性を高める，と考える。

格差が顕著なグローバル・シティで，生活に困難を抱える住民が集住していたにもかかわらず，以前の公共図書館や成人教育センターの利用は低調であった。しかし，アイディア・ストアの内外における〈つながり〉がもたらす豊かなコミュニティ学習の場の創造こそが，従来の不参加層の開拓を可能にし，イギリスの最貧困地区の一つが直面する問題を克服する鍵となっているのである。

附記）本研究はJSPS科研費25381092の助成を受けたものである。

注

1) 上杉孝實「成人教育施設の歴史的発達と施設―国際比較研究の視点―」小林文人・佐藤一子編著『世界の社会教育施設と公民館―草の根の参加と学び―』エイデル研究所，2001年，pp.18-32。
2) P. Innocenti, *Cultural Networks in Migrating Heritage: Intersecting Theories and Practices across Europe*, Ashgate Publishing Limited, 2015, p.120.
3) アントネッラ・アンニョリ『知の広場―図書館と自由―』，萱野有美訳，みすず書房，

2011 年。
4) London Borough of Tower Hamlets, *2011 Census: Second Release-Headline Analysis*, 2012, pp.1-29.
5) H. Wills, An Innovative Approach to Reaching the Non-learning Public: The New Idea Stores in London, *The New Review of Libraries and Lifelong Learning*, 2003, pp.108-109.
6) S. Dogliani, 'Idea Store', P. Innocenti ed., *European Crossroads: Museums, Cultural Dialogue and Interdisciplinary Networks in a Transnational Perspective*, Politecnico di Milano DPA, 2012, pp.89-90.
7) London Borough of Tower Hamlets, *A Library and Lifelong Learning Development Strategy for Tower Hamlets*, 1999, 1.3, https://www.ideastore.co.uk/assets/documents/misc/A_Library_and_Lifelong_Learning_Development_Strategy_for_Tower_Hamlets(1).pdf [Accessed 09/11/2015]
8) 2013 年 8 月 30 日，アイディア・ストア・ウォトニー・マーケットにおけるセルジオ・ドリアーニ氏への取材。
9) 以下の現場の記述は，2015 年 8 月 7 日，アイディア・ストア・クリスプ・ストリートにおけるショー・ラフマーン・カーン氏のコメントに基づく。
10) 'Chrisp Street', B. Wainreb, C. Hibbert, J. Keay and J. Keay, *The London Encyclopaedia*, 3rd ed., Macmillam, 2008, p.166.
11) P. Allison ed., *David Adjaye Making Public Buildings: Specificity Customization Imbrication*, Thames and Hudson, 2006, pp.160-180.
12) London Borough of Tower Hamlets, *Idea Store Strategy 2009*, pp.32-34, https://www.ideastore.co.uk/assets/documents/IdeaStoreStrategyAppx1CAB290709(1).pdf [Accessed 09/11/2015]
13) London Borough of Tower Hamlets, *Medicine for the Soul: Library, Learning, Information, Idea Store Delivering Health and Wellbeing*, pp.2-3.
14) London Borough of Tower Hamlets, *Idea Store Learning Course Guide 2015-16, Find the Right Key to Unlock Your Potential*.
15) London Borough of Tower Hamlets, *Idea Store for Children*.
16) London Borough of Tower Hamlets, *Idea Store Events and Activities*, p.5.

現代中国都市コミュニティにおける
社会団体活動の展開

呉　迪

1 ▸ はじめに

　新自由主義の浸透による個人化が進んでいく中で，従来の共同体機能の弱体化や人々のつながりの喪失など，中国でも日本と同じような現代的課題に直面している。特に1980年代以後に改革開放政策が実施され，かつて「単位」制度によって保障されていた福祉，医療，教育の社会サービスの提供など，生活全般の相互扶助機能が解体してしまった。「単位」とは，日本語では「職場」を意味するが，日本のような単なる仕事場を指すものではなく，改革開放前の中国の都市を代表する社会制度である。計画経済システムを用いた当時の中国において，「単位」は都市住民が生活を営む上で欠かせない所属先であり，国家が住民を全般的に管理する媒介でもある。就労年齢にあるほとんどすべての住民がなんらかの「単位」に所属し，労働や所得の分配のみならず，住宅，医療，教育から結婚，出産育児，家庭紛争の調停，さらに退職後の生活，葬儀にいたるまで，生活のあらゆる領域を「単位」が包摂していた時代であった。「単位」を離れることは基本的な生活基盤を失うことになるため，当時のほとんどの住民は「単位」へ緊密に依存すると同時に，国家は「単位」を通してすべての住民を管理することが可能であった。しかし，1950年代から続いていた「単位」制度は，経済システムの改革により崩壊し，「単位」は職場として経済的職能の発揮に専念するようになった。国家や企業の負担を減らす一方で，地域住民が「単位」への全面依存から脱却し，「単位人」から「社会人」への転換を余儀なくされた。その結果の一つとして，かつて「単位」が一括して開発したり購入したりした従業員住宅が賃貸や転売によって，同じ職場の同僚と一緒に共同生活をする住宅形

態が消失しつつある。居住条件が大幅に改善された一方，近隣にどのような人が住んでいるのかが分からない状況となり，人間関係の疎遠化，希薄化が社会的課題となっている。

　改革プロセスの中で起きてきた以上のような社会問題を解決するために，旧来の「単位」機能の受け皿として，また，人間関係の回復を促進するために，新しい社会システムを構築することが緊急な課題となっている。その解決策として，中国政府が打ち出したのは「社区」という新しい社会制度である。「社区」は旧来の「単位」に代えて新しいコミュニティの基盤となり，そこで住民自らが生活を守り，共通に抱えている地域の課題，生活課題の解決に向けて様々な団体が自発的に結成され，多様な活動を行っている。

　本章では，新たに形成されたコミュニティの基盤であり，住民による互助や自治を前提とする中国の「社区」に注目し，特にそこで展開される社区教育事業の一環である社会団体活動に焦点をあてたい。以下では，まず社区及び社区教育政策実施の背景を整理した上で，具体的な事例を取り上げ，社会団体活動の実態や展開のプロセスを明らかにし，活動の中で生成される人々のつながりを描き出すことを試みたい。

2 ▶「社区建設」政策における社区教育の展開

(1)「社区」の理念と社区建設政策の実施

　「社区」という言葉は1930年代に中国の社会学者費孝通によって造語されたcommunityの訳語である。これは単に地域社会の空間上の意味だけではなく，共通の利益や感情を持つ人々の集まりという文化上の共同体の意味も含め，社会学の概念として用いられた。1980年代中期から，社区という概念が学術界でのみ通用した社会学用語から，政府の政策用語として用いられ，「社区建設」政策の実施を通して一般的に認識されるようになった。

　2000年に民政部は社区建設に関する意見を国務院に提出し，「23号公文」[1]として全国の諸機関に伝達した。公文の冒頭で，「社区」は「一定の地域範囲に集まって居住している人々によって構成される社会生活の共同体である」と定義されている。地域性や住民の帰属感などの要素を考慮して社区

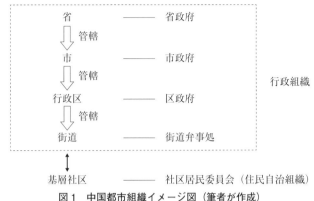

図1 中国都市組織イメージ図（筆者が作成）

の画定が行われることになり，「社区居民委員会」[2]の管轄区域を範囲とし，それが「社区」（行政区画である「行政区」と区別するために，以下では「基層社区」と記す）と規定されている。現段階の中国社会における基層社区及び社区居民委員会の位置づけについて，図1のように表現することができる。

中国の都市組織は，「省」「市」の下のレベルで，「行政区」，「街道」，「基層社区」となっており，省，市，行政区，街道それぞれの管理機関が「省政府」，「市政府」，「区政府」及び「街道弁事処」である。これらの管理機関は行政組織であるのに対し，「基層社区」ごとに「社区居民委員会」が設けられている。社区建設事業の担い手として，また，社区自治の中核として，社区居民委員会はきわめて重要な位置づけをされている。

「23号公文」の中で「社区建設」について，「社区の力に依拠し，社区の資源を利用し，社区の機能を強化し，社区の問題を解決する。これらによって，社区の政治・経済・文化・環境の調和的健康的，着実な発展を促進し，社区住民の生活水準及び生活の質を向上させるプロセスである」とされている。その具体的な内容として，社区服務（福祉厚生），社区治安，社区環境などと並んで，社区教育も社区建設事業の重要な一環として位置づけられている。

(2) 社区教育とは

　教育部は社区教育を「地域住民の全体の資質や生活の質を高めるため，また地域の経済建設及び社会の発展を促進するための教育活動」[3]と定義し，社区ないし社会発展の担い手となる地域住民の育成がその大きな目標として掲げられている。前述した都市組織にそって，現段階における社区教育は基本的に行政区―街道―基層社区という三層において展開され，行政区及び街道においては，学歴・資格取得を主目的に，行政施策として社区教育事業が実施されているが，基層社区では，自治組織である社区居民委員会が中心となり，住民自身によって多様な学習活動が展開されている。

　これまでの社区教育研究の蓄積を見ると，行政主導の社区教育について重点的に論じられてきた。例えば，中国の代表的な社区教育研究者である陳乃林は，社区教育の発展形態や施設について，三層構造構築の必要性を言及した上で，行政区が設置する「社区学院が社区教育の中心になるべきである」と指摘し，「学習内容を企画し，学習ルートを設計し，学習組織を配置し，学習場所を提供する」という方式によって，住民の学習ニーズを満たすと論じている[4]。同じように教育行政の中心的な役割を提起している研究として，厲以賢による研究成果も挙げられる[5]。

　一方で，社区教育の急速な発展とともに，日本においても社区教育への研究関心が深められている。その中で特に牧野篤による一連の研究成果が注目される。牧野の社区教育論は，「社会変動のなかの教育の変容」という分析枠組みに基づき，市場経済化の進行に伴う社会の諸問題に対応するためのセーフティネットとして社区教育を捉えている。失業者や離転職者の増加という社会的状況に対し，牧野は社区教育を通した再就職，キャリアアップに対する教育的支援の重要性を提起し，社区教育を展開していく際に，特に行政区が設置する「社区学院」の役割を強調し，上海市を事例に取り上げ，学歴授与，職業教育の実施，教材開発などの機能を担う社区学院を社区教育の中核に位置づけている。

　以上のように，先行研究では社区教育に三層構造に言及してはいるが，その基層レベルに位置づけられている教育活動の内実についてほとんど究明されてこなかった。また，現在の中国社会が掲げている課題を，知識の更新や

労働能力の向上など個人の能力向上という視点から対応しようとし，学歴・資格取得を目的とする学習機会の提供という形で，行政による教育支援の重要性が強調されていることもこれまでの社区教育研究の共通的立場であると言える。しかし一方で，社区政策の展開に伴い，地域の自立，住民自治が求められている中で，行政政策によって保障されず，また個人の対応だけでは解決できない多くの地域・生活課題が現出してきており，住民間の助け合いによって，共同的に問題を解決していく意識や力量の形成が求められている。

したがって，本章では行政主導の社区教育ではなく，住民の自発性に依拠する活動の展開が中心となる基層社区教育に注目する。特に基層社区において，「社会団体」[6]と称される多数の住民グループが自発的に結成され，地域や生活に関わる問題に積極的に取り組み，様々な活動を展開している。このような基層社区をベースとした社会団体活動の実態や展開のプロセスを解明し，そこで住民主体的な学習活動がどのように展開され，また活動を通した関係性の育成について，武漢市青山区の取り組みを通して検証したい。

3 基層社区社会団体活動の展開
　　　―武漢市青山区「123社区」を事例に―

(1) 「123社区」の基本状況

　武漢市は湖北省の省都である（図2）。人口は約830万人であり，13の行政区を有し，製鉄や造船などを中心とする伝統的な工業都市として知られている。武漢市では社区事業を積極的に展開しており，社区教育の面から見ると，武漢市には教育部が指定した全国社区教育モデル区が3ヶ所あり，本章の対象地域である青山区はそのうちの一つである[7]。

　青山区は武漢市の7つの主要な市街行政区の一つであり，これまで数度の行政区画変更が行われ，現在では10の街道，合計82の基層社区を有している。基層社区教育の実態解明にあたって必要な一時資料を得るため，筆者は2009年から2010年にかけ，当時青山区に所属する全112ヶ所の基層社区を対象に「基層社区教育調査」[8]を実施した。さらにその中から，特徴的な団

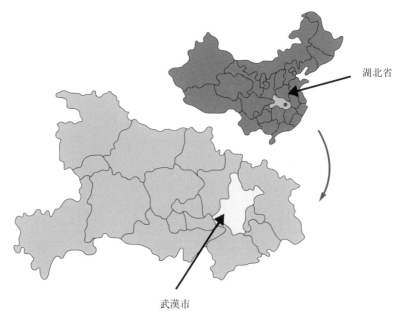

図2 湖北省および武漢市の所在位置
(出典) 武漢市ホームページおよび武漢市情ホームページのデータに基づき筆者が加筆し作成した

体活動を継続的に展開し，かつ社区教育に関する資料調査及びインタビュー調査に十分な協力を得られた事例として，「123社区」の実践に注目し，2013年6月に「123社区」における実地調査を行った。以下の分析はこれらの調査結果，特に社区居民委員会のメンバーに対するインタビュー調査及び担当委員が提供していた資料調査に基づいて行う。

「123社区」は2001年11月に成立し，社区内には，住宅建物132棟のほかに，スーパーマーケットや青山区検察庁など，商業施設や行政機関もある。社区の常住人口は6312人，1916戸であり，25の住民グループに分けられている。そのうち，9割以上の住民が武漢鋼鉄会社集団の従業員及びその家族であり，ほかに傷痍軍人，戦没軍人の遺族，農村からの出稼ぎ労働者なども居住している。

この社区の住民組織である「123社区居民委員会」は，住宅建物の一階を拠点として事業を展開しており，事務室のほかに，図書室，会議室，市民学

校などが設置されている。社区居民委員会の委員5人は2009年8月に開かれた社区居民委員会選挙大会において全住民によって選ばれて就任した[9]。選出された主任（兼共産党組織書記）1人，副主任1人，委員3人は全員女性であり，それぞれ社区の福祉，環境・衛生，教育などの分野において，地域の課題や住民の生活上の課題を積極的に取り組み，行政や企業など社会の各領域と連携しながら，活動を展開している。

また，社区居民委員会選挙の時期とあわせて，地域住民の代表を選出する「社区成員代表選挙」も2009年8月に行われ，住民グループ会議を通して選出された61人の住民代表と，企業代表1人，地域担当巡査1人，計63人が「123社区」の住民代表となった[10]。「社区成員代表大会の組織制度及び職責」の中で，社区成員代表大会は決議機関で，地域の最高権力機構として位置づけられており，社区居民委員会は大会での決定を受けて執行するという役割を担うことが明記されている。この「議」（意志決定）・「行」（執行）分離のシステムの構築によって，地域住民の権利と決定がさらに尊重され保障されるようになり，地域行事への住民の自発的参加や社区に対する主人公意識の形成を促進する仕組みが整備されつつあると言えよう。

(2) 「123社区」団体活動の展開

このような社会環境の中で展開される基層社区の教育事業であるが，その重要な内容として，社区事業の企画・運営および実施に積極的に参与し，自由に多様な活動を展開する住民グループ，すなわち「社会団体」の活動が近年，盛んになってきている[11]。前述した2009年に筆者が実施した青山区基層社区教育調査の結果に基づき，基層社区の社会団体活動を大きく，書道や楽器など習い事を中心とする「趣味教養活動」と，福祉，環境，治安などに関する公益活動を中心とする「社区ボランティア団体活動」の二つに分類することができた[12]。

「123社区」では，住民自らの趣味関心によって14の団体が自発的に結成された[13]。各団体においてメンバーの話し合いによって責任者が選出され，活動の内容，練習の時間，場所について各自で決定し，また，それぞれのチームにおいて活動経費の管理などのルールづくりも行われた。

各チームの活動内容は多種多様であり、日常の練習活動から、さらにその成果を生かし、基層社区という活動地域の範囲を超えて、武漢市、湖北省ないし全国レベルにおいても様々な社会活動や公益活動に積極的に参加する動きが見られる[14]。また、それぞれの単独活動だけでなく、共同出演を果たすなど、団体間のつながりが深められている。冒頭で述べたように、改革開放政策の実施に伴い、かつて単位制度時代に形成された「職住一体」の生活空間が崩壊し、新しい生活共同体として構築された基層社区には、多様な住民層をどのように包摂していくのかという重要な課題に直面している。「123社区」では、住民の交流の場、親睦の場をつくり出すという意味で、2004年から毎年の春に異なるテーマを掲げて、「隣里まつり」を開催している。各社会団体の関わりはもちろん、社区の住民も舞台に上がり、一緒に特技を披露したり、造花や手織りなど自分の作品を展示したり、睦まじい人間関係や和やかな社区環境を構築するために、非常に重要な場所となっている[15]。

　一方で、このような趣味教養団体のほかに、福祉、環境、衛生、教育などに関する公共サービスの提供を中心とする公益団体「社区ボランティア団体」の活動も盛んに行われている。その背景として、解体された「単位」の代わりに、住民自身が生活を守り、自助・共助を目的に社会サービス事業を展開していかなければならない、という必要性が現出されることがあげられる。123社区において、社区人口の1割を超えた734人のボランティアが、「平安パトロール隊」、「障がい者・高齢者支援隊」、「次世代育成隊」などの7つのチームを結成して多様な活動を展開している[16]が、なかでも「重点的に障がい者、高齢者その他特殊なニーズをもつ住民や支援が必要な住民を対象とし、力の及ぶ限りサービスを提供し」[17]ている。社区では、自発的に「関愛他人」（他人を思いやる）プロジェクトを立ち上げ、社会的不利な立場にたつ住民たちを対象に、多様な支援の取り組みが行われてきた。

　「123社区」では、32戸45人の独居高齢者[18]が居住しており、これらの高齢者に対して、社区居民委員会や「障がい者・高齢者支援隊」のボランティアたちは支援策を講じ、「支援者1人」と「独居高齢者1戸」がペアとなり、「一対一」の支援体制を作り上げている。部屋の清掃や買い物の代行をしたり、市内の病院の協力を得て無料の健康診断を実施したりするよう

な，日常の生活上の支援のほかに，子どもたちと一緒に新年や節句のたびに慰問公演を開催したり，精神上の充実も考慮され，これまで数多くのイベントが企画され，実施されてきた[19]。ほかにも，障がい者を対象とする病気関連講座の開催や，失業者・農村からの出稼ぎ労働者に対する就職支援活動の実施など，それぞれのニーズに応じて，各分野の専門家，趣味教養団体のメンバー，企業や学校など，地域における様々な立場の人と連携をとりながら活動を展開してきたのである。

4 ▶ 社会団体活動を通した〈つながり〉の創出

以上，「123社区」における社会団体活動について概観してきた。社区では，同じ興味関心を有する住民同士がサークルを結成し，自律的・自発的な学習活動を展開する一方で，共通の生活基盤や課題意識をもつ住民がつながり，関係性を築きながら知恵を出し合い，直面する公共的課題の対策をともに考え，解決に向けて積極的に取り組んでいる。

例えば，事例において，趣味教養団体の各チームは普段の社区内の練習から活動の範囲を広げて，活動の広がりが見られた。また，それぞれの単独活動だけではなく，「隣里まつり」などのイベントの開催を通して，他チームとの共同出演や地域住民とのつながりを持つようになり，さらに社区の障がい者，高齢者を対象とするイベントが実施される際にも積極的に関わることから，知識や技能の習得と向上という趣味教養活動がもつ本来の教育的意義とは別に，活動を通して新しい関係性が育まれるという点において，団体活動の重要な意義があると評価することができる。

一方で，ボランティア活動に関してみても，学校，企業，他団体，地域住民などを巻き込んで，力を出し合いながら一緒に活動を展開していることが事例を通して分かった。「123社区」では青山区検察庁との連携協議書が2012年4月に締結され，その中で，「社区の一員として社区の各種の事業に積極的に関わり，（略—筆者）社区の発展のために，できる範囲で物的・人的支援をしていく」ことが明記されているように，検察庁の職員たちは法律講座の講師や社区のカウンセラーとして活躍したり，「環境保護隊」の清掃

活動に参加するなど，いろいろな側面において社区事業に協力している。青山区検察庁のほかに，社区では平安保険会社，武漢理工大学，鋼都不動産会社，交番，江南脳神経外科病院など10組織との連携協定が結ばれている。

このように，社会団体活動が実施されていく中で，地域におけるネットワークの構築，基層社区を共通の基盤にした人々の課題意識や悩みを共感し合える場や多様なつながりの創出が実現できていると言えるであろう。活動を通じて，地域に対する若い世代の意識の育成につながっていく可能性も含め，持続可能性の高い地域社会の実現にも貢献できると考えられる。

5 ▶ おわりに

本章が注目している基層社区は中国改革開放後に都市社会の構造転換を経て，新しい社会生活の基盤として再構築されてきた。そこでは，旧来の「単位」制度の崩壊や社会改革の実施に伴って生じてきた様々な社会問題に対応するために，住民たちが自発的に集まって多様な事業を展開しており，そのプロセスの中で，相互に助け合う姿が見られ，さらに行政，企業など社会の各層を巻き込み，新たな社会的「つながり」がつくり出されている。このことは，30年前の中国では考えられないことである。

日常生活の中で顕在化する課題やニーズがあるところには，かならず応えようとする人々が存在し，共産党や行政がすべての問題をコントロールできない以上，自ら解決しようとする取り組みが現実的に可能となってくる。これは民主社会の一端を象徴すると考えるならば，民主化の芽生えと称するしかない社会団体組織・活動の出現や拡大は，中国社会の基層であり，地域住民の生活基盤でもある基層社区から始まり，そのこと自体が社会主義国家中国の大きな変化を示唆している。

注

1) 国務院「「全国における都市社区建設の促進に関する民政部の意見」の転送について」，2000年11月19日。
2) 日本の自治会・町内会に類似した住民組織である。新中国成立直後から設置されてお

り，さらに社区建設政策の実施に伴い，住民の自治活動を促進する主体として，社区居民委員会のコーディネート機能が注目されている。
3) 教育部「一部の地域における社区教育実験の展開に関する通知」，2000年。
4) 陳乃林編『現代社区教育理論及実験研究』中国人民大学出版社（北京），2006年，p.7。
5) 厲以賢『社区教育原理』四川教育出版社（成都），2003年。
6) 李妍焱編『台頭する中国の草の根NGO―市民社会への道を探る』（恒星社厚生閣，2008）によると，現在中国の社会団体は「学生社会団体」，「ネット上の社会団体」，「基層社区をベースとする社会団体」など多様な形態に分類することができる。本章では，基層社区において自発的に組織し活動を展開する団体を対象とする。
7) 全国社区教育モデル区は教育部が全国的に社区教育を推進するために選出したモデル地区である。2013年までに3回にわたって，全国から90ヶ所の社区教育モデル区が選出された。武漢市では青山区，硚口区，武昌区の3ヶ所が全国社区教育モデル区として選ばれた。
8) 社区教育担当者を対象に実施したアンケート調査である。配布数112通のうち，回収数は98通，有効回答数97通であった。調査内容は，① 回答者（社区教育担当者）の基本属性，② 基層社区の概要，③ 基層社区の管理運営，④ 基層社区教育の内容，⑤ 社区教育担当者の活動の様子，の5つの系統を設定した。
9) 詹成付編『社区居委会選挙工作進展報告』（中国社会出版社（北京），2006年8月）によれば，現段階の中国において，選挙の方式は主に直接選挙，戸代表選挙，住民グループ代表選挙，社区成員代表選挙及び海選に大別されている。海選とは，立候補者を決定せず，選挙権をもつすべての住民から直接選挙を行う方式である。
10) 123社区居民委員会資料「123社区第三期社区成員代表名簿」，2010年。
11) これまで筆者が調査してきた全国各地の事例及び基層社区教育調査の結果によると，基層社区における教育事業は大きく「社区居民委員会が主催する教育事業」及び「地域住民による社会団体活動」の二つの種類に大別される。詳しくは拙稿「中国基層社区教育の現状に関する一考察―居民参加の保障と促進の視点から―」（『日中社会学研究』第20号，2012）を参照。
12) 調査では，社会団体の有無，各団体の名称と人数，活動の内容と形態，組織運営の状況などについて質問項目を設けた。
13) 123社区居民委員会資料「123社区文化体育団体一覧表」，2011年。
14) 社区居民委員会資料「123社区2010年社会団体活動記録」（2011年1月20日）によると，「切り紙協会」は2010年において，全国切り紙まつりへの参加のほか，湖北省レベルの活動に4回参加し，学校や社区における切り紙作品展にも出展した。「夕焼け舞踊チーム」は武漢市環境保護大会や武漢水運大学学園祭などに出演を果たした。
15) 123社区居民委員会資料「隣里まつり記録」（2010年4月19日）及び社区居民委員会

主任に対するインタビュー（2013年6月7日）による。
16）123社区居民委員会資料「123社区ボランティア団体概況」，2011年。
17）123社区居民委員会資料「社区ボランティア団体制度」。
18）子どもがいないまたは子どもと別居している高齢者をさす。中国社会では，一般的に「空巣老人」と呼ばれている。
19）123社区居民委員会資料「123社区障がい者・高齢者支援隊ボランティア活動記録」（2012年）による。

現代中国社会における少数民族文化の継承の課題

紅　桂蘭

1 ▶ はじめに

　中国は法律において漢族と55の少数民族で構成された多民族国家である。「中華人民共和国憲法」では「中華人民共和国の各民族は一律に平等である」と規定されている。統計によれば，全人口（13億7,400万）に占める漢族の割合は91.6％，少数民族全体の割合は8.4％である。各民族は長い歴史の中でそれぞれの民族特色のある多様な文化を形成してきた。

　中国政府は少数民族の文化の多元性を尊重し，少数民族の文化を振興させようとしている。それにもかかわらず，民族文化の消失が生じているように思われる。漢民族文化からの圧倒的な影響とグローバル化が進んでいる社会背景の中で，少数民族の漢化現象や少数民族文化の消失が深刻化している。

　この問題は日本の民族問題にも共通している。たとえば，「滅び行く民族」と言われたこともあった日本のアイヌ民族は，民族的な差別を受け，政治的，経済的な不利益を受け，民族の言語・文化・伝統が否定され，民族としての社会的な自律性が失われた[1]。しかし今日，アイヌ民族の中から主体的にアイヌ文化の復興とアイヌ民族の政治的な権利回復，経済的な自立を求める組織的な活動が起きていることも事実である[2]。

　以上のことから，少数民族や先住民族といったマイノリティが有する固有の文化の消失をいかにして防ぐことができるのかが課題となっている。あるいは，マイノリティとマジョリティが文化の差異を承認し，文化的差異を保持し続けることは可能なのかという課題が問われる。以上の問題意識から，本章では中国の少数民族に焦点をあてて検討することにしたい。

　本章の構成は以下の通りである。まず，中国において民族が形成された過

程を整理する。次に，漢族とモンゴル族が混住する内モンゴル自治区の地域づくりの取り組みを検討し，最後に，民族文化地域づくりの取り組みを通じた少数民族文化の継承について考察する。

2 ▶ 中国における「民族」の創出

(1) 中国における「民族」とは

近現代の国際関係が確立する以前，中国と東アジアには「華夷秩序」という世界体系が存在していた[3]。帝国体制の中国は「華夷秩序」に基づく中華世界の中で，国家的統合を維持していた[4]。中華世界とは，一元的な「文化」としての「中華」によって成立する空間で，中華の中心には最も高い「文（＝徳）」を有するゆえに天命によって天子の地を与えられた皇帝が存在するという世界観である。そしてその徳の及ぶ範囲が皇帝の治める範囲であった。その周縁にはまだ「文化」の及ばない「夷狄」の領域である「化外」が存在した。その「文」あるいは「文化」とは，礼教であり，それを媒介する漢字・漢文であった。またそれらの及ぶ範囲内の人々が「夷」と対立する「華」である「漢人」であった[5]。こうして中華世界は高い徳を有する皇帝を中心として，その徳をもって周囲を「華」に編入させ，国家統合を維持していた。歴史的に多くの少数民族は，この「化外」に位置づけられていたのである。

長期にわたって支配的であったこの強固な文化観が転換したのは，20世紀に入り「五族共和」という概念が登場してからである[6]。「民族」という単語は，古代の漢語にはなく，かわりに「人」「種人」「族類」「部落〔氏族〕」「種落」という単語で表示されていた[7]。「民族」という和製漢語が日本から中国に移入されたことが多くの研究者により指摘されている。中国において「民族」という語彙は，梁啓超著『東籍月旦』で英語のnationの日本語訳を転用して中国語に用いたのが始まりといわれる[8]。1902年に梁啓超が「中華民族」概念を提起し，その後の1912年に辛亥革命の指導者・孫文（孫中山）が，漢，満，蒙，回，蔵の「五族共和」の構想を主張した[9]。孫文は「中華民国臨時大総統宣言書」において「国家の本は人民にある。漢，満，蒙，

回，蔵の諸地方を合わせて一国とし，漢，満，蒙，回，蔵諸族を合わせて一つとする——これが民族の統一というものである」[10]と述べた。「五族共和」の本質は，五族の各エスニック集団が平等の立場で共和政治を支えるというよりも，むしろ漢族以外の四族を漢族に同化させて単一中華民族を創出し，統一共和国家を作ることを目的としていたといわれている[11]。しかしその後，1924年の「中国国民党第一次全国代表宣言」では，各民族の一律平等を唱えるに至った。

「五族共和」という考え方をさらに発展させて，「民族平等」社会の実現を掲げたのが中国共産党であった。1949年の新中国成立後は，民族の平等を実現するために，新たな制度を作る必要があり，政治体制の上では，各民族の代表者が参加する最高権力機関，すなわち人民代表大会の創設が必要であった。新中国の建国直後の時期には，諸民族に関する基本的な状況を明らかにするため，成立して間もない中央人民政府は1950年から1952年にかけて「中央訪問団」を各地の少数民族地域に派遣した[12]。中央訪問団の任務は，民族平等という基本政策を宣伝することのほかに，彼らの民族名称・人口・言語・歴史の概要，および彼らの文化的特徴（風俗習慣を含む）を明らかにすることであった[13]。中国における「民族識別」は一つのエスニック・グループの分布地域，族称，歴史，言語，経済生活，物質文化，精神文化，心理素質などを基準に少数民族を認定した。民族識別に関しては，最初に申告制による民族登録が開始され，1953年までに400余りの民族の届け出があったが[14]，結果として，建国当初は9民族，その後増加して80年代には55民族となった。こうして，民族が創り出され，制度上では，漢民族以外は一律に少数民族として扱われるようになり，中国社会特有の文脈における民族が形成されてきた。

(2) **中華民族多元一体構造論**

中国の政治的なコンテクストと密接に関連しつつ，学術的なコンテクストにおいて初めて「中華民族」を理論化したのは費孝通である。費は中国国内の少数民族研究と中国の多民族関係に関する問題等の研究を重視し，国民統合の民族理論として「中華民族多元一体構造」論を提唱し，中国の少数民

研究や少数民族政策に多大な影響を与えた[15]。

　費によれば「中華民族多元一体構造」論は，次の3点で説明される。第一に，漢族と55の少数民族は，長い歴史を経て，相互に依存した分割不可能な一体構造をなしている。「中華民族」は56の民族を包括する民族実体であり，単なる56の民族の総称ではない。第二に，多元一体構造が形成されるためには，分散的な多元を結合して一体を形成していく必要がある。その際，凝集の核心としての役割を果たしてきたのが漢族である。第三に，「中華民族」という高次のアイデンティティは下位の各民族のアイデンティティや，さらにその下位の重層的アイデンティティを排斥するものではない。つまり，異なる各レベルのアイデンティティは衝突せずに存在することができ，統一体の内部は，多言語的，多文化的な複合体をなしている，というものである[16]。しかし，「中華民族多元一体構造」論の「中華民族」という名称は民族学上の名称としてふさわしくないとの批判もある。たとえば，中国国内のモンゴル族とモンゴル国のモンゴル族とでは，言語や文化，歴史などにおいて共通する部分が多いにもかかわらず，中国国内のモンゴル族が「中華民族」という範疇に入ることになる[17]。その一方で，「中華民族多元一体構造」論は，中国における民族間関係の歴史に対して一つのマクロ・モデルを提示し，民族とは何かといった問題に対して新たな視点や示唆を提供していると評価されている[18]。たとえば，「中華民族多元一体構造」論のモデルでは，漢族ではなく，中華民族を最上位の概念として設定することにより，漢族を55の少数民族と同レベルにまで「引き下げて」いる。この理解は，漢族を上位において，その下位に55の少数民族をおいていた従来の理解に比べれば，大きな意識改革であるといえる[19]。しかし，「中華民族」の融合の強調は，少数民族を漢民族文化に同化させる結果をもたらし，様々な課題を抱えているように思われる。現実的には少数民族の言語と伝統文化の衰退が生じ，自分の言語や伝統文化を知らない少数民族の若者が増えている。このような状況の中で，少数民族自身はその文化をどのように継承し普及させようとしているのか。

　以下では，内モンゴル自治区におけるモンゴル族のアンダイ文化の事例を取り上げ，民族文化地域づくりの取り組みを通じた少数民族文化の継承につ

いて検討する。

3 内モンゴル自治区の事例
―アンダイ文化地域づくりの取り組み

(1) 民族文化振興政策

中国における民族のあり方とその文化は，国家の民族政策によって左右されてきた。新中国の成立当時，政府は民族問題を国家政治の重要な部分と位置づけた。1949年9月，中国人民政治協商会議の第一回全体会議では「民族事務委員会」を設置することが決定された。また，少数民族の伝統文化を維持することにも力を入れていた。しかし，文化大革命（1966～1976年）の時代，少数民族の伝統文化などが否定され，破壊された。1980年代に入って，国家の方針は少数民族の利益を守る方向へ転換した。2000年代に入り，調和のとれた社会の実現をスローガンとして掲げ，文化の振興を重視する姿勢が強く示された。経済のみならず，文化体制改革の推進が強調され，新たに文化振興政策の動向が進められた。その背景には，中国のグローバル化，市場化，都市化の進展に伴い，新たな国家戦略として文化政策を重視し，政府主導で中華文化のソフト・パワーを強化する動きがある。たとえば近年の文化振興政策の一つとして，民族文化を資源にした観光と産業振興を結び付ける動きである。以下では，内モンゴル自治区の庫論旗（以下，クロン）におけるアンダイ文化地域づくりの取り組みについて検討する。内モンゴル自治区の行政区画については図1のとおりである[20]。

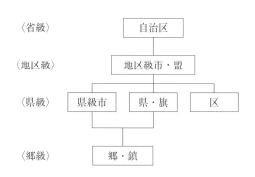

図1　内モンゴル自治区行政区画

(2) 内モンゴル自治区クロン旗におけるアンダイ文化

アンダイの起源について，多くの研究者はアンダイがクロン旗から発祥したと指摘している。クロン旗は内モンゴル自治区の東南部に位置している（図2）。クロン旗の人口は17.4万人であり，そのうち，モンゴル族は10.5万人（59％），漢族は6.7万人（38％），その他の民族は5,861人（3％）である。主にモンゴル族と漢族が混住し，モンゴル文化と漢文化が相互に浸透している地域である。新中国成立後，1960年代にクロン旗は内モンゴル自治区の「文化旗」と命名された。1996年には国家文化局がクロン旗を「中国アンダイ芸術の郷」と命名した。2005年になると国家はモンゴル族アンダイを無形文化財に指定した。

アンダイとは，モンゴル族の伝統的な民間舞踊であり，「シャーマンが歌舞によって病気を治す特有の儀式であった」[21]とされる。アンダイは，主としてこの「アンダイ病」である若い女性の精神疾患を治療するために行われ

図2　クロン旗の位置

る歌と踊りからなるモンゴル族の文化的儀礼である。文化大革命期には，アンダイは反革命的，封建的，迷信的なものとみなされ，「国を裏切る道具」として批判された。こうした国家の背景により，かつての伝統アンダイは破壊され，伝統アンダイとしての病気を治療する儀式は行われなくなった。さらに伝統アンダイが衰退したもう一つの背景として，新中国の成立後，医療技術の発展が重視されるなかで，医療機関の設置に伴い，以前のようなシャーマンを招いて，シャーマニズムによって病気を治療するという儀式は行われなくなったことがあると考えられる。

　新中国成立後，1955年に内モンゴル自治区文化局は「民間芸術文化遺産を整理する」という通知を出して，当時の内モンゴル歌舞団体の団員および文化館の職員が農村に入り，民間アンダイ芸人にインタビュー調査を行い，アンダイの基本動作，歌詞，曲を収集し記録した。（写真1はアンダイチン[22]は伝統アンダイの踊りを踊っている様である。）

　アンダイチンは，その当時の時代に合わせて社会主義を反映した内容と民族特徴を表現した舞台アンダイを創作した。このように改変されたアンダイは宗教的な目的ではなく，踊りを中心にした娯楽性が強いものとなった（写真2）。このアンダイの変容は，アンダイの新しい形態をもって，文化の担い手によってモンゴル族の新アンダイとして普及された。新アンダイの「新」とは，新中国成立という新しい時代背景のもとに出現したという意味合いをもつとともに，伝統アンダイの踊りの動作を改変することによりアンダイが美しくなったという意味合いをもつととらえられている。新アンダイは，伝

写真1　アンダイチンは伝統アンダイのおどりを踊っている様子
（クロン旗ウランムチ芸術団体の団員提供）

写真2　舞台アンダイの様子
（クロン旗ウランムチ芸術団体の団員提供）

統アンダイのシャーマニズムという宗教的な側面がなくなり，芸術の形式で発展したアンダイである。今日までにアンダイ踊り，アンダイ劇，アンダイ体操が創作されている。

(3) アンダイ文化地域づくり

　新アンダイは，民族文化の担い手たちによって民衆に普及しやすい形に変容させられた。多くの民衆に受け入れられることを通じて，アンダイ文化が広がっていった。一方，内モンゴル自治区政府の政策のもとで，「中国アンダイ芸術の郷」という地域づくりの戦略として，観光事業が推進されている。観光事業を通じてアンダイ文化を外に発信し，知名度を高める戦略である。アンダイ文化地域づくりは，政府の経済発展政策の一つとして位置づけられている。民衆レベルでは，民間アマチュア芸術団体によるアンダイ文化継承活動も活発になっている。その一例として，自発的な「草の根芸術団体」が2009年に結成された。草の根芸術団体は「健康，快楽，調和，奉仕」という目的で，文化支援サービス活動を積極的に展開し，アンダイ文化を継承してきた。また，多くの舞踊，音楽などの作品を作っている。約30の文化芸術団体と連携し，クロン旗の6つの農村と9つの社区の「草の根」ネットワークを築いている[23]。このように，民間アマチュア芸術団体間の交流も行っている。クロン旗の各地域においては，民間芸術団体が急速に成立し，2015年にクロン旗の186農村，9社区では195芸術団体が設立した。こうした民間アマチュア団体は自発的に組織された。アンダイ文化を発展させるために，専門芸術団体は農村に入りアンダイ舞踊を教えている。そのほか，民間のアンダイ伝承人は地域住民にアンダイ踊りを教える活動も行っている。

　特に2015年にクロン旗政府はアンダイ文化「六進」[24]（各機関，企業，学校，兵営，社区，農村）活動を展開した。「六進」活動を通じて，地域の人々は誰でもアンダイを踊るようになり，地域の良好な雰囲気をつくり，民衆のアマチュア文化生活を豊かにするとしている。実施方法として，専門芸術団体であるウランムチ[25]を中心にアンダイ曲とアンダイ舞踊の動作を統一させる。統一されたアンダイ舞踊は，ウランムチを通じて地域住民に広げ

(4) 新たな文化の普及

　伝統アンダイと新アンダイは性質的に異なる形態である。しかし，新アンダイは伝統アンダイの舞踊の基礎を改変し，モンゴル人の生活，精神の表れとしてモンゴル族の新たなアンダイ文化として創り出されている[26]。伝統アンダイと新アンダイの共通点として，踊りの基礎部分にモンゴル族の祈り，祝詞，精神，宗教意識が込められている。伝統アンダイから新アンダイへの変容過程で踊りの基礎部分が継承されていくことには大きな意義がある。このことは，少数民族が自ら文化の「モンゴルらしさ」を守りながら新しい文化を創造し，現代社会に柔軟に対応していることを示している。また，アンダイ文化地域づくりでは，地方政府によってアンダイ文化の統一化を進行させて，一つの地域文化を創り出している。

　政府中心のアンダイ文化地域づくりに対し，地域住民はどのように考えているのか。筆者は2015年5月25日～6月27日にクロン旗においてモンゴル文化に対する地域住民の意識についてのアンケート調査を行った[27]。調査によると，9割の人は「アンダイ芸術の郷の指定は地域住民の人々の自慢になる」と答えた。民族別にみると，モンゴル族以外の52人（漢族，その他）の回答者のうち，「自慢に思う」と答えた人は約9割である。また「アンダイはクロン地域のシンボルだ。アンダイを通じて中国人はクロンを知る，内モンゴルを知ることになる」（漢族）というように，漢族もアンダイ文化を受け入れて自分たちの地域の文化としてとらえる傾向がみられる。このことから，少数民族としてのモンゴル族が新たなアンダイ文化の創造を通じて文化を保持しながら，文化を媒介にしてクロン旗に居住する漢族（その他の民族）とのつながりが築かれているのではないかと考える。

4 ▶ おわりに

　本章で取り上げたアンダイ文化地域づくりの事例からみると，その推進者は，行政側の漢族とモンゴル族である。一方，民衆レベルでは，モンゴル族

は主体となり民族文化を現代社会に適用した文化として変え，新たな文化を創り出している。これは民族文化の消失を防ぎ，民族文化を復活させる動きでもあると考える。

　しかし，中国国内の民族文化活動は国の政策に左右される面が強く存在する。上記に取り上げた事例のように，民族文化を資源にし，観光産業に結びつけることは，国内市場の安定的な発展を基盤として成り立っているものである。

　本章の第2節で述べたとおり，中国の民族の創出過程からみると，費孝通が指摘したように，中国の各民族は，互いに離れがたい状況にあるが，その中心的な役割を果たしているのが漢族であったとの考えが示されていた。マイノリティ，マジョリティという関係において力の差がある現実の中で，いかに不平等を是正し文化的な差異を保持しつづけるのかは今日的課題である。少数民族は常に受動的な立場ではなく，少数民族自身が主体的に文化消失の問題に柔軟に対応し，文化保存活動を行うことが求められると考える。

注

1) 上野昌之『アイヌ民族の言語復興と歴史教育の研究―教育から考える先住民族とエンパワーメント―』風間書房，2014年，p.3。
2) 同上。
3) 周星「漢族とその経済生活」佐々木信彰編『現代中国の民族と経済』世界思想社，2001年，p.26。
4) 横山廣子「少数民族の政治とディスコース」青木保ほか編『民族の生成と論理』岩波書店，1997年，p.177。
5) 同上。
6) 小川佳万『社会主義中国における少数民族教育―「民族平等」理念の展開―』東信堂，2001年，p.5。
7) 陳連開「中国・華夷・蕃漢・中華・中華民族――一つの内在的関係が発展して認識される過程」（塚田誠之訳）費孝通編著『中華民族の多元一体構造』風響社，2008年，p.157。
8) 加々美光行『中国の民族問題―危機の本質』岩波書店，2008年，p.16。
9) 陳，前掲論文，p.159。
10) 同上。

11) 松本ますみ『中国民族政策の研究―清末から1945年までの「民族論」を中心に―』多賀出版，1999年，p.85。
12) 費孝通「エスニシティの探究―中国の民族に関する私の研究と見解」（塚田誠之訳）費編，前掲書，p.312。
13) 同上。
14) 鈴木正崇「創られた民族―中国の少数民族と国家形成」飯島茂編著『せめぎあう「民族」と国家―人類学的視座から』アカデミア出版会，1993年，p.222。
15) 周星「費孝通氏の民族理論」『文明21』第15号，国際コミュニケーション学会，2005年，p.77。
16) 西澤治彦「解題―費孝通の「中華民族の多元一体構造」をめぐって」費編，前掲書，pp.333-334。
17) 同上，p.340。
18) 同上，p.343。
19) 同上，p.344。
20) 内モンゴル自治区は，行政上3盟，9地区級市，22市管轄区，11県級市，17県，49旗，3自治県に区分される（盟：内モンゴル特有の地区級行政単位。中国の行政区分では市レベルにあたる。旗：市の下に位置する行政単位。中国の行政区分では県レベルにあたる。鎮：旗の下に位置する行政単位。中国行政区分では郷のレベルにあたる）。
21) 白翠英「ホルチンモンゴル劇の発生と発展」『黒龍江民族文化叢書』1997年，第1期，p.90。
22) モンゴル語でアンダイを歌ったり，踊ったりする人をアンダイチンという。
23) 草の根芸術団体の団長へのインタビューより。2015年6月10日実施。
24) アンダイ文化を各機関，企業，学校，兵営，社区，農村に浸透させることを指す。
25) ウランムチはモンゴル族の民衆文化生活を活性化するために創設された基層文化事業機関団体である。内モンゴル自治区の住民が分散して居住している状況に対応して各地を巡回上演する芸術団体である。現在，内モンゴル自治区に68団体がある。各ウランムチは30名前後の団員によって文芸公演を行っている。
26) 筆者は，アンダイ文化の新たな創造の経緯について下記の論文で明らかにした。紅桂蘭「中国における少数民族文化の新たな創造―内モンゴルのアンダイ文化に着目して―」日本社会教育学会編『アイヌ民族・先住民族教育の現在』日本社会教育学会年報第58集，東洋館出版社，2014年，pp.194-207。
27) アンケート調査票の配布数は523，有効回答数は388（有効回答率74％）であった。そのうち，漢族とその他（回族，満族）の民族58人（15％）に調査協力を得て回答を得た。

おわりに

　本書は，筑波大学教授手打明敏先生の退職を記念して企画されたものである。論文集というよりも，関心を共有するより多くの人に手に取ってもらいたいという先生の思いから，より実践的な内容のテキストという形の書籍とした。

　赤瀬川原平氏が「老人力」を世に問うてから20年になる。老化現象を加齢による衰えとみる発達観を，「老人力」の高まりとして積極的な意義づけをすることで，「成長」や「発達」を多義的にとらえ人生の前半部だけでなく生涯にわたる可能性であるとの認識を広めた。それ以降「鈍感力」（渡辺淳一）など，「〇〇力」であらわされる能力観が様々に提起されている。確かに私たちは，日々の暮らしの中の様々な経験を通して，即時的にははっきりとその成果や評価は判断できないが，事後的に認識される実感によって「成長」や「発達」を感じている。それは，M.ノールズがアンドラゴジーの特性として「人は経験をますます蓄積するようになるが，これが学習へのきわめて豊かな資源になっていく」と指摘している通りである（マルカム・ノールズ著，堀薫夫・三輪健二監訳『成人教育の現代的実践—ペタゴジーからアンドラゴジーへ—』鳳書房，2008年）。

　即時的に評価できる能力は，主に学校を通じて，定式化された知識や技術を，独学や自習といった方法で習得することができる。しかし，事後的に自分自身の成長が実感されるような学びとは，社会や他者とのかかわりの中で相対的に認識され，また相互作用によって促進される。本書のタイトル『〈つながり〉の社会教育・生涯学習』において「つながり」と「社会教育・生涯学習」をつなぐ「の」に込めた意味は，実践にみられる「つながり」の中にこそ，社会教育・生涯学習の本質的な学びが介在していると考えたからである。誤解を恐れずに言えば，社会教育・生涯学習は「つながり力」を育む学びといえるのかもしれない。学びを通して「つながり」が生まれ，「つながり」が学びを促進し，さらに学びが次の新たな「つながり」を生み出す。こうした「つながり」と社会教育・生涯学習における学びの循環の様相を描こ

うとする本書の試みが成功しているかは，読者の方々の判断を待つ他はない。忌憚のないご批判・ご意見を頂戴できれば幸いである。

編者の一人として，本書が手打先生の退職に花を添えるものにできたのか甚だ心許ないが，手打研究室から巣立ったOB・OG，そしてゆかりの研究者とともに本書を刊行できたことをうれしく思う。本書に玉稿をお寄せいただいた執筆者の方々には，当初の計画より1年も遅れての出版となったことにお詫び申し上げるとともに，心より御礼申し上げる。また編集委員会のOB・OGの安藤耕己氏，生島美和氏，池谷美衣子氏，そして何より編集の取りまとめを担ってくれた丹間康仁氏に謝意を表したい。

最後に，出版事情の厳しい中で本書の出版をお引き受けいただいた東洋館出版社の川田龍哉氏に感謝申し上げる。

　2017年3月

上田　孝典
人間系学系棟の研究室にて

索　引

▶ ア・カ行

ESD ·················· 8-10, 44, 164-165
居場所 ············· 81-84, 126, 135, 137
エンパワーメント ········· 9, 72, 84, 131
学習権 ················ ii, 5, 40, 139, 163
学校運営協議会 ······················· 72
学校と地域の連携・協働 ······· 21, 65
教育基本法 ········ 5, 17, 20-21, 28, 73
協働 ······ 17, 20, 67-68, 70-72, 127-128, 182
グローバリゼーション ············ 2, 8-9
公共施設マネジメント ················ 43
公共性 ························· 42, 85, 88
公民館 ············ 34, 37, 39, 44, 54-55
公民館類似施設 ···················· 55, 57
コーディネーター ············· 49, 77, 96
国際教育開発 ························ 163
国際成人力調査 ······················ 165
コミュニティ ················ 29, 57, 126
コミュニティ・スクール ····· 21, 72-74
コミュニティ・ワーク ·············· 125

▶ サ行

参画 ··········· 20, 43, 45-46, 67, 83, 86
参画のはしご ·························· 83
参加の梯子 ························ 67-68

CLC ································ 44-45
持続可能な開発のための教育 ···· 8, 44, 164
自治会 ··········· 44, 56, 96-97, 106, 158
自治公民館 ············ 7, 43, 54-58, 62
市町村合併 ···························· 43
指定管理者制度 ······· 41-42, 45-47, 50
社会関係資本（ソーシャル・キャピタル）···················· 55-56, 60-62, 136
社会教育施設 ····· 30, 32, 37, 40-43, 82, 94, 101, 156
社会教育調査 ························· 42
社会教育法 ······· 6, 28, 39-40, 43, 50, 55
社会的排除 ···················· 128-129, 145
住民参加 ··························· 43, 67
生涯学習社会 ····· 7, 19, 21, 25, 156-157, 159
生涯学習振興行政 ····················· 19
女性問題学習 ························· 154
自立 ············· 84, 86, 139, 145, 201, 209
生活課題 ··· 128, 151, 156, 161, 168, 198, 201
性別役割分業 ··· 153-155, 157-158, 160
青年期教育 ························ 80, 84
セツルメント活動 ···················· 125
ソーシャルインクルージョン
 ································ 128-129

ソーシャルサポートネットワーク
　　………………………………129-130

▶ タ行

多世代館………………………181, 184
たまり場…………………………80-84
男女共同参画………………………46, 158
男女雇用機会均等法………………154
地域学習………………29, 44, 120
地域課題……29, 45, 106, 120, 161, 168,
　　179, 192
地域センター施設………………43, 175
地方自治法…………………………41
地方創生………………21, 37, 54, 65
中山間地域………8, 53-54, 56, 63, 80
寺中作雄…………………5-6, 44, 54

▶ ナ・ハ行

内発的発展………………………………59
ネットワーク………………15-16, 136
ノーマライゼーション……122, 123, 124,
　　126, 129
ノールズ………………………………220
排除………126, 153, 166, 170-171, 189
パウロ・フレイレ………163, 167-168
万人のための教育…………………164
東日本大震災………i, 3, 108-109, 130
非正規雇用…………………ii, 8, 152-155
ファシリテーター………75-77, 168, 189

福祉コミュニティ………122, 126, 136
分館………………………………43, 55, 62

▶ マ−ワ行

宮原誠一……………………………4
ユネスコ………17-18, 30, 163-164, 167
ラングラン…………………………18
リジリエンス………………………132
リテラシー………………………165-166
リフレクト・アプローチ…………167
労働者教育………………152-153, 157
ワークショップ……50, 74, 85, 114-117,
　　193

編者 略歴

▶ 手打 明敏

現　　職	筑波大学名誉教授
最終学歴	筑波大学大学院博士課程教育学研究科修了
学　　位	博士（教育学）
主　　著	『近代日本農村における農民の教育と学習』日本図書センター，2002 年 『生涯学習社会の構図』（共編著）福村出版，2009 年 『希望への社会教育　3・11 後社会のために』（共編著）東洋館出版社，2013 年

▶ 上田 孝典

現　　職	筑波大学人間系准教授
最終学歴	名古屋大学大学院教育発達科学研究科修了
学　　位	博士（教育学）
主　　著	『未来をつくる教育 ESD─持続可能な多文化社会をめざして─』（共著）明石書店，2010 年 『世界の生涯学習─現状と課題─』（共著）大学教育出版，2016 年

著者

序　章	上田　孝典	筑波大学
第 1 章	金藤　ふゆ子	文教大学
第 2 章	浅野　秀重	金沢大学
第 3 章	生島　美和	弘前学院大学
第 4 章	蜂屋　大八	金沢大学
第 5 章	丹間　康仁	帝京大学
第 6 章	安藤　耕己	山形大学
第 7 章	曹　　蓓蓓	筑波大学・院生
第 8 章	手打　明敏	筑波大学 名誉教授
第 9 章	結城　俊哉	立教大学
第 10 章	橋田　慈子	筑波大学・院生
第 11 章	池谷　美衣子	浜松学院大学
第 12 章	河内　真美	金沢大学
第 13 章	谷　　和明	東京外国語大学 名誉教授
第 14 章	関　　直規	東洋大学
第 15 章	呉　　迪	筑波大学・院生
第 16 章	紅　　桂蘭	筑波大学・院生

〈つながり〉の社会教育・生涯学習
――持続可能な社会を支える学び――

2017（平成29）年3月31日　初版第1刷発行

編　　著：手打　明敏・上田　孝典
発　行　者：錦織　圭之介
発　行　所：株式会社　東洋館出版社
　　　　　　〒113-0021　東京都文京区本駒込5丁目16番7号
　　　　　　営業部　電話03-3823-9206　FAX03-3823-9208
　　　　　　編集部　電話03-3823-9207　FAX03-3823-9209
　　　　　　振替　00180 7 06823
　　　　　　URL　http://www.toyokan.co.jp

デザイン：吉野　綾（藤原印刷株式会社）
印刷・製本：藤原印刷株式会社

ISBN978-4-491-03349-5　　　　　　　　　Printed in Japan

JCOPY　<(社)出版者著作権管理機構　委託出版物>
本書の無断複写は著作権法上での例外を除き禁じられています。複写される場合は、そのつど事前に、㈳出版者著作権管理機構（電話 03-3513-6969，FAX 03-3513-6979，e-mail：info@jcopy.or.jp）の許諾を得てください。